「侵害原理」と法益論における被害者の役割

Das „Principle of Harm" und die Rolle des Opfers in der Rechtsgutstheorie
Von Prof. Dr. Dr. h.c. Albin Eser
Herausgegeben und Übersetzt von Prof. Dr. Katsunori Kai
Shinzansha Verlagsbuchhandlung
Tokyo 2014

アルビン・エーザー 著
甲斐克則 編訳

「侵害原理」と法益論における被害者の役割

❀※❀

法学翻訳叢書
7
ドイツ刑事法

信山社

日本語版へのはしがき

　周知のように、日本は、ドイツ刑法学が高い評価を受けている国である。その際、「法益（Rechtsgut）」論もまた、それが法益侵害としての不法の理解にとっての解釈論上の視点においてであれ、社会的に有害な態度の制裁化にとっての方向づけおよび尺度としての刑事政策上の視点においてであれ、繰り返し注目を引かざるをえない。それだけに、近時、法益論がドイツで危機に陥っていることは、なおさら驚くことかもしれない。

　法益の構想と正統化効果に関する議論は、2008 年 2 月 26 日の近親相姦事件（Inzest-Fall）における連邦憲法裁判所のセンセーショナルな決定（BVerfGE 120, 224-273）によって、ある特別なドラマチックな表現となって現れた。その際に問題となったのは、ドイツ刑法典 173 条 2 項の文言に従って兄弟姉妹間 ── 本件では兄と妹との間 ── での性交を処罰することが憲法に適合するか否か、であった。人間の尊厳と一般的な発展の自由から生じる性的自己決定への基本権の申し立てられた侵害と並んで、兄弟姉妹間の性交禁止の合憲性は、その処罰がとりわけ法益侵害を欠いているので比例性原理に反するという理由からも疑わしかった。なるほど、連邦憲法裁判所は、ほとんど全員一致による多数でもって、兄弟姉妹間の性交の処罰が基本法と相容れるものである、という結論に達した。しかし、その際、法益の問題には、何ら本質的な意義は賦与されないままであった。その代わりに、兄弟姉妹間の性交禁止の合憲性は、とりわけ、刑事処罰による威嚇が比例性原理に合致するかどうか、すなわち、それに適合しており、必要であり、かつ全体衡量に基づいて相当なものかどうか、ということに係らしめられたのである。このことは、同部の多数意見によって肯定されたが、著名な刑法教授であるヴィンフリート・ハッセマー（Winfried Hassemer）は、同部の長とし

v

て、反対意見において、反対の結論に至った。しかしながら、この結論は、法益の要件に重要な役割が認められるという理由づけによるものであった。なぜなら、ハッセマーの見解によれば、刑法上の不法は、法益侵害を前提とするからである。しかし、兄弟姉妹間の性交の場合、まさにそのような法益が欠ける。というのは、この場合、「まったくの道徳違反」が問題となるからである。しかし、道徳違反は、何ら処罰規定の正統な対象とはいえないであろう、と。

　刑法における法益の役割をめぐるこのような論争を目の前にすると、なぜ本書において2つの論文、すなわち、第1は、1966年に英語で書かれた論文（インターネットで閲覧可能：http://www.freidok.uni-freiburg.de/volltexte/3655）、そして第2は、1996年にドイツ語で書かれた論文（http://www.freidok.uni-freiburg.de/volltexte/3386）が、相当前に公表されたものであるにもかかわらず、日本語による翻訳で、今、公刊されるのか、と問うことができるであろう。いったい、これらの論文の刊行によって問題はとっくに片付きえたといえるであろうか。私は、そうではないと考える。すなわち、近親相姦事件における連邦憲法裁判所の内部でのまさに反対の立場が明らかにしているように、そして類似の立場が法益の問題性について多くの他の公刊物においても看取されるように、法益の問題は、避けて通ることができない —— このことは、いずれにせよ、法益の正しい概念から出発し、法益の様々な機能連関の中に法益を見いだす場合には、避けて通ることができない。例えば、連邦憲法裁判所が、ある刑罰法規の合憲性をその必要性および適格性に係らしめることができると主張するならば、何のためにそれが必要であり、何に適合するのか、という問題がただちに生じる。これは、おそらく、保護に値する場合に、そのかぎりで「法益」として特徴づけることができる特定の利益の保護のためにそうなるのであろう。どの程度これが正統であるかは、再び、—— まさに法政策的な出発点に応じて —— 禁止の適格性および不法の理解にとって本質的なものとなりうるさらなる基準に係っているのかもしれない。

例えば、刑法が、——最大限に可能な個人の発展の自由という意味において——具体的な財および利益の保護に限定されるべきだとすれば、単なる礼儀作法には、決して、何ら法益の性格を与えることはできないであろう。これに対して、ある法共同体が、ある特定の道徳的規準についても公的な要保護性を創出しようとするならば、この道徳的規準について法益の性格は、そう簡単に否認することができないであろう。

かくして、以上の若干の示唆がすでに示しているように、法益論は、決して時代遅れのものではないのである。反対に、様々な目的のために法益原理が多用されていること、そしてそれと結び付いて画一化されること、さらに一部では過度に抽象化されることに鑑みると、一定の核心に立ち戻る時期である。さらに、私は、ここに公刊される翻訳に伴い、若干の基本的な説明をしておきたい。

「侵害原理（„Principle of Harm"）」についての論文に関しては、とりわけ2つの点が強調されている。私は、すでに1961年のヴュルツブルク大学の学位請求論文「犯罪行為と秩序違反の区別（„Die Abgrenzung von Straftaten und Ordnungswidrigkeiten"）」(http://www.freidok.uni-freiburg.de/volltexte/3907)において、法益の役割について取り組んだことがあったので、1960年と1961年のニューヨーク大学での比較法研究年の間、「不法を行うこと（wrongdoing）」についてのアメリカの理解には実質的内容が欠けている、と感じられた。なるほど、その点については、ついでながら、「侵害（„harm"）」というものは、必要なものとみなされていた。しかしながら、「侵害（„harm"）」がどこに存在しうるかは、不明確なままであった。このような内容の空虚さは、「侵害（„harm"）」を法益侵害（Rechtsgutsverletzung）の意味における「刑法上保護された法的利益（„criminally protected legal interests"）」の侵害として理解するとき、充足される。そこから、3つの視点で、次のような理解を得ることができる。第1に、刑法解釈論上の視点において、「不法を行う

こと（wrongdoing）」は、「不法（Unrecht）」の意味で実質的内容を与えられる。第2に、そこから、刑事政策的視点において、法益を侵害する態度のみが処罰されるべきであるという要求が生まれる。そして第3に、このことから、法益（Rechtsgut）にとって本質的なものとなるその基準を確定することが必要となる。この論文において個別に述べられているように、法益の承認には、3つのことが前提条件となる。すなわち、まず、価値基体として、事実的レベルで、一定の保護利益が現存しなければならない。つぎに、この利益は、一定の社会的規範によって維持する価値があるものとしてか、もしくは獲得しようと努力する価値があるものとして承認されなければならない。そして最後に、そして刑法上の保護が憲法の枠内になければならない。

　この意味で、法益を、当該犯罪構成要件によって保護されるべき利益として理解すべきだとすれば、例えば、殺害された人間だとか窃取された財物のような具体的な当該所為客体は、「罪体（„corpus delicti"）」として法益から区別されることになる。そのことは、しかし、その所為の被害者にとって望ましくない付随的効果を持ちうる。なぜなら、殺人罪の構成要件の場合は生命それ自体の中に、もしくは窃盗罪の場合は制度的な財産的価値としての所有権の中に本来の法益を見いだすことができるとし、一方で死体および奪取された財物はもはやその犯罪行為が実行される客体とはみなされないとすれば、所為の被害者としての殺害された人および窃取された所有権者は、容易に視界から消えてしまうからである。ことによるとあまりに広すぎる法益の抽象化がもたらすこのような帰結を防止することが、「法益と被害者（„Rechtsgut und Opfer"）」に関する第2論文の目的である。

　かくして、明らかに周知のことであるにもかかわらず、2つの論文は、最終的には、具体的な被害者を尊重したうえでの法益のより良い理解という共通の目的を追求するものである。

私の考えが日本語で公刊されることによってさらに広まることは、私にとって喜びであり、またありがたいことである。この感謝の念を、何よりもまず、長年に亘り親交があり、本書の刊行を勧めていただき翻訳の労をとっていただいた甲斐克則教授に捧げたい。また、本書の刊行をしていただいた信山社にも感謝申し上げたい。

　　2013 年 9 月　　　　　　　　フライブルクにて
　　　　　　　　　　　　　　　　　　アルビン・エーザー

〈目　次〉

日本語版へのはしがき（v）

◆第1部◆ 犯罪概念における「侵害原理」
―― 刑法上の保護法益の比較分析 ――

◆序 ─────────────────────────── 5

◆第1章　刑事不法の実質としての侵害 ──────────── 9
　(1)　侵害と形式的違法性………（9）
　(2)　歴史的考察………（11）
　◆結論：実質的な犯罪定義………（34）

◆第2章　刑法上の侵害の性質 ───────────────── 37
　(1)　侵害と倫理………（38）
　(2)　アメリカの侵害理論の概観………（46）
　(3)　侵害概念の焦点としての「法益」………（52）

◆第3章　法益の構造 ──────────────────── 57
　(1)　法益一般の二元的構造 ── 社会学的基体と価値の側面………（57）
　(2)　侵害 ── 犯罪における類似の現象からのその区別………（64）
　(3)　侵害 ── その憲法上の評価：法益の価値的側面………（85）

xi

目　次

◆ 第4章　侵害の最終的定義 —— 結語 ———————————— 111
　　(1)　「法益」および「侵害」の意義………(111)
　　(2)　刑事立法のための帰結………(114)
　　(3)　侵害要件の司法審査………(116)

◆ 結　論 ————————————————————————— 121

◆ 第2部 ◆ 法益と被害者
—— 他方を犠牲にして一方をより高めることについて ——

◆ 序 —— 個人的はしがき ——————————————————— 125

◆ 第1章　人間共同体の解消としての犯罪 ———————————— 129

◆ 第2章　自由の領域および主観的権利の侵害としての犯罪 ———— 133

◆ 第3章　権利侵害から法益侵害へ ——————————————— 139

◆ 第4章　犯罪の客体を一般的なものへ高めることについて ———— 147

◆ 第5章　「尊重要求」へのさらなる精神化 ———————————— 151

◆ 第6章　刑法の限定としての法益の要件について ———————— 153

xii

目　次

◆ 第7章　被害者のための小括 ――――――――――――― 157

◆ 第8章　刑事政策的パースペクティブ ――――――――― 161

訳者あとがき（165）

「侵害原理」と法益論における被害者の役割

第1部

犯罪概念における「侵害原理」

―― 刑法上の保護法益の比較分析 ――

序

——法的に保護された利益の侵害として定義される——侵害（harm）の観念が犯罪を確定するうえで重要な役割を果たすヨーロッパ大陸のほとんどの刑法理論とは反対に、英米刑法学は、侵害原理（the principle of harm）の理論的説明および実践的使用についてほとんど注意を払ってこなかった。

もちろん、犯罪行為から生じる「侵害」、「悪しき結果（evil consequences）」、あるいは「有害結果（injurious effects）」について裁判官が口にする事件[1]、あるいはその侵害が刑事制裁を決定する際に被侵犯法令によって考慮されている事件が数多くある[2]。学者らもまた、侵害原理に徐々に興味を示しているように思われるし、侵害原理を犯罪概念の基本的観念のひとつとみなしている。それでも、ジェローム・ホール（Jerome Hall）、ジェラード・O・W・ミューラー（Gerhard O. W. Mueller）、およびオーヴィル・C・スナイダー（Orvill C. Snyder）を除けば、「侵害」の意味について明確かつ理解可能な見解を現実に表明している法理論家は、ほとんどいない。かくして、ミューラー教授とともに、「侵害原理はわが刑法におけるもっとも未発達の概念である」[3]と言うことは、不穏当ではない。

この言葉は、ある驚きを喚起することになるであろう。というのは、侵害は、まさに犯罪の本質だからであり、あるいはホールがそう呼んでいるよう

---

(1) 例えば、Respublica v. Teischer, I Dall. 334, 1 L. Ed. 163 (1788); State v. Western Union Tel. Co., 13 N. J. Super. 172, 80 A. 2d 342 (1951) 参照。
(2) United States v. Rubinstein, 7 U. S. C. M. A. 523, 22 C. M. R. 131 (1957); People v. Von Rosen, 13 I ll. 2d 63, 147 N.E. 2d 327 (1958) 参照。
(3) Mueller, *Criminal Theory : An Appraisal of Jerome Hall's Studies in Jurisprudence and Criminal Theory*, 34 IND. L.J. 206, (1959).

序

に、「犯罪行為と刑罰による制裁との結節点」[4]だからである。その根本的な重要性に加えて、侵害原理は、影に覆われた犯罪要素を照らし出すことができる。

　侵害原理は、多くの領域で現れるかもしれないが、ここでは、侵害要件が寄与することを予定されている最も重要な諸機能を述べておくだけで十分である。

　第1に、侵害は、あらゆる犯罪の存在根拠（ratio essendi）と呼ばれてよい[5]。というのは、犯罪者の行為を制裁可能なものたらしめるのは、加えられた犯罪的侵害（criminal harm）だからである。さらに、侵害の証拠は外部的な結果であるから、禁止された一定の侵害という要件は、犯罪行為を単なる不道徳的な行為から（すなわち純然たる倫理から）区別するためのひとつの基準としても重要である。

　第2に、犯罪概念の本質的な「有機的構造物（organizational construct）」[6]としてのその機能において、侵害の観念は、様々な特別犯罪の特質に関して、また、犯罪概念の他の諸要素の説明のためにも、きわめて重要である。まず、われわれは、犯罪それ自体の定義の構造と解釈、およびそれに関する合法性の問題について考えなければならない。しばしば、特別な刑法上の禁止の規範的範囲の問題は、制定法が保護しようとしている法益（legal interest）を検討することによってのみ、解答することができる。単に制定法上の犯罪の定義を分析するだけでは、必ずしもつねに満足のいく解答に到達するとはかぎらないのである。すなわち、制定法が防止しようとしている侵害

---

(4) HALL, GENERAL PRINCIPLES OF CRIMINAL LAW 213 (2d ed. 1960)〔以下、GENERAL PRINCIPLE として引用する〕。
(5) この意味では、侵害（harm）は、実際上、ホールの7つの「刑法の一般的諸原理」の中の基本的場所を占めている。HALL, GENERAL PRINCIPLE 18；また、STUDIES IN JURISPRUDENCE AND CRIMINAL THEORY 10 (1958)〈以下、STUDIES として引用する〉.
(6) ホールの言葉である。GENERAL PRINCIPLES 222.

を検討することによってのみ、適切な解釈が可能になるであろう。さらに推論すれば、合法性の証明、すなわち、制定法上のすべての事実的および法的な諸々の要素と条件とが充足されているかどうかは、制定法の趣旨の解釈——その禁止が向けられている侵害（harm）を確認すること——を抜きにしてはわかりえない。

しかしながら、「有機的構造物」としての侵害原理は、メ・ン・ズ・・レ・ア・（mens rea）の内容、未遂の可罰性、あるいは被害者の承諾の有効性といったような他の犯罪諸要素の確定に際しても、さらにいっそう手を差し延べる。同様に、因果関係、包括一罪（merger）、および二重の危険（double jeopardy）といった問題もまた、それらと侵害原理との関係の中でそれらを考慮することによって解決により近づくことができる。

侵害概念は、当然ながら量刑においても有益なものとされるであろう。侵害が、法的に承認された一定の利益を損なうものであるということ、そして、侵害が敵対する特別な利益の観点から一定の重要性と性質を獲得することをわれわれがひとたび知れば、加えられた侵害に比例して刑罰に差異を設けるための合理的基礎づけが明らかになるのである。

以上の考察からすると、侵害原理は、理論的関心事にすぎないもののように思われるかもしれない。おそらく、これこそが、英米刑法学がその根強いプラグマティックな伝統と単なる理論的思惟に対する一般的嫌悪[7]の中で、侵害原理に今日までほとんど注意を払ってこなかった理由であろう。比較的最近の、取締り上の現代型犯罪の情勢は、憲法上も重要な関心事となっている。すなわち、侵害要件は、アカデミックな課題以上のものとして立ち現れているのである。

伝統的なコモン・ロー上の犯罪では、諸々の人権および利益の基本的損失が扱われ、侵害の存在があまりにも明白だったので、侵害要件を特に強調する必要はなかった。反対に、現代型行政犯（modern welfare offences）の客体

---

(7) GUSTAV RADBRUCH, DER GEIST DES ENGLISCHEN RECHTS 5-15 (1958)参照。

序

は、通常、範囲があまりにも小さく、かつ性質があまりに高度に技術的なので、しばしばほとんど認知できないほどである。すべてこのような場合において、一定の人間の行為を処罰する適切な立法上の限界に関して、重大な疑問が生じる。例えば、立法府は、実際上はまったく侵害になりそうもない行為を法的に禁止してよいのか。もしそうでないとすれば、刑事制裁によって処罰されるためには、いかなる侵害の性格および性質が存在しなければならないのか。これらの理論的考察を実践的適用に関連づけてみよう。許可なく有償で写真撮影することは、刑事罰に値するほど「不法」なのか。あるいは、農業経営者もしくは自動車工場主が好きなだけのプラカードでもって自己の製品を宣伝してもよいとされているのに、ガソリン価格の看板を一定の大きさに制限する制定法の目的は何なのか。

　現代の処罰立法のこれらの産物および類似の産物のおかげで、われわれは、犯罪の実質的内容の検討を余儀なくされている。処罰可能であるためにはどんな侵害行為が惹起されなければならないかを調べてみると、われわれは、理論的問題を提起するのみならず、今日、おそらくはまったく無害と思われる諸活動に対しても保護される国家の不安によって脅かされる人間の活動の自由のための闘いをも開始することになる。

　本論文は、提起されたすべての問題に答えることはおそらくできないであろう。本概観は、侵害原理のさらなる解明および再評価がなぜに差し迫って必要であるかを指摘し、刑法および刑事立法の他の諸現象の確定において侵害の観念がきわめて重要であるとされる多くの点を示そうとするものにほかならない。

第1章
刑事不法の実質としての侵害

　侵害（harm）の問題への最良のアプローチは、犯罪概念の中でこの侵害という要素が占めている地位を確定することから始まる。侵害の体系上の地位およびその規範的重要性を知ることなしに侵害について考察することは、容易に空論をもたらすことになり、かくして、侵害の分析と解明を行うことは、ますます困難となる。それゆえ、われわれの最初の仕事は、犯罪概念における侵害の機能の限界を確定することであろう。

(1)　侵害と形式的違法性

　一般的概念としての「犯罪」は、相互に関係のある法的ならびに事実的な、主観的ならびに客観的な諸々の要因および条件の複合的現象であるけれども、われわれは、犯罪者の精神状態と彼の行為の外的効果とを理論的に区別することができる。主観的人格的要因は、一次的には、人格的帰責（すなわち、メンズ・レア（*mens rea*）、人格的有責性（personal guilt））の問題に属するが、客観的要素（外的行為、法律違反、禁止された結果の惹起といったようなもの）は、「刑事不法（criminal wrong）」と呼ばれてよいものを構成する。刑事不法の防止は、まさに刑法上の規定の目的であるから、刑事不法は、いっさいの犯罪の本質的要素である。

　ここで刑事不法を構成するものは何か、という、より困難な問題が生じる。もし、われわれが、犯罪行為のきわめて明白な結果だけに着目すれば、即座に法律違反に気付く。というのは、刑事不法は、違法な（すなわち、禁止された）行為の所産であるがゆえに、いっさいの犯罪は、必然的に、一定の行為を禁止したりあるいは命令したりするある形式的な法律規定の違反を

9

第1章　刑事不法の実質としての侵害

含むからである。刑罰規定のそのような違反が、その法律の背後にある公衆に対する侵害の一形態であることは、疑いえない。しかし、この種の不服従（disobedient）は、あらゆる犯罪に現れるので、それは、ある犯罪の特有の性格を説明したり解説したりするための明確な基準とはいえない。ジェラード・O・W・ミューラーの立場[8]に従えば、この不服従は、その一般的ないし広い意味でのみ侵害として考えることができるにすぎない。しかし、この種の侵害は、あらゆる犯罪の本質的構造的要素である。それは、単なる法律違反を超えて、ある人間の計画的殺害を謀殺となし、また、ある女性との強制的性交を強姦となす侵害とは異なる不法である。実質的要素 ── それは、その犯罪の特有の客体であるがゆえに、犯罪ごとに異なり、かくして、窃盗罪、偽証罪、あるいは交通違反のような各々の犯罪にその特性を賦与する ── は、犯罪の「実質的」不法（"material" wrong）と呼んでよいであろう。「実質的」不法という意味での侵害は、その犯罪が、単なる法律違反に加えて、刑法上の規定が保護しようとしている客体を害したという事実を意味する。

われわれは、本研究の後半部分まで、侵害の性質の明確な決定を留保しておかなければならないけれども、現時点で、刑事不法は法律に違反するという形式的違法性（formal unlawfulness）以上のものを意味するし、それはまた、ある種の実質的侵害から成る、と言うことができる。

それゆえ、多くの論文上の犯罪の定義と同様、何故にほとんどの制定法上の定義がこの実質的不法に言及していないのか ── 形式的違法性しか考慮されていないのか ── 不思議に思う人がいるかもしれない。例えば、もしわれわれが、ニューヨーク州刑法典（the New York Penal Code）の第2条の犯罪の定義 ── これは、「犯罪とは、法律によって禁止された作為または不作為であり、死刑または拘禁刑に処せられる……。」[9]と書いてある ── を取り上げてみると、犯罪の不法は、法律上の命令または禁止の不服従という点にの

---

(8)　*Supra* note (3).
(9)　類似のものとして、フランス刑法第1条は、「法律が効果的もしくは恥ずべき刑罰で処罰する違反は、犯罪である。」と規定する。

(2) 歴史的考察

みあるという印象を受ける。

　明らかにこの定義および類似の定義の理論的背景となっている犯罪の理解は、不十分であるばかりでなく、危険ですらある。そのような定義は、権威主義的立法者がそのような犯罪定義の純形式的性格を指し示すことによって自己防衛的な犯罪の尺度（それは、すべての刑法上の命令が基礎としなければならない目的とのいっさいの関連性を含むことができない）を押し通すことをあまりに容易にし、かくして、立法府が望むとき、そして望めば、立法府がその目的を充足するにまかせることになる。

　それゆえ、われわれの最初の仕事は、侵害の観念が法律の単なる形式的な不服従以上のものを含むということを論証するすることであろう。このことは、犯罪概念の歴史的な発展を辿ることによって達成することができるばかりか、多くのコモン・ローおよび大陸法の刑法学者が侵害を刑事不法の実質的要素とみなしていることを示すことによっても達成することができる。

(2) 歴史的考察

　元来、個人の財（goods）に対して向けられていた純粋に私的な不法が、その本質的実質的な性格を失い、刑事不法の本質を法律違反もしくは国家に対する不服従とみなすより形式主義的な犯罪概念に吸収されたことは、どちらかといえば、逆説的といえる。

　現在の犯罪の歴史的起源に関するかぎり、不法行為（tort）と犯罪との区別に関する古い問題、すなわち、ロスコー・パウンド（Roscoe Pound）[10]とマックス・ウェーバー（Max Weber）[11]によって論争されたように、かつて、

---

(10) POUND, CRIMINAL JUSTICE IN AMERICA 90 (1930).
(11) RECHTSSOZIOLOGIE 92-95 （Winckelmann ed. 1960).また、Muller, *Tort, Crime, and the Primitive*, 46 J. CRIM. L., CRIM. & P. S. 303-304 (1955)をも参照。不法行為と犯罪との相違は、KENNY, OUTLINES OF CRIMINAL LAW 1(17th ed. by Turner, 1958) 以下によっても否定されている。

第1章 刑事不法の実質としての侵害

いったいこの種の区別があったのかどうか、あるいは、初期の法体系でさえ、公的不法としての犯罪と純粋に私的な不法としての不法行為とを区別していたかどうか、という問題にわれわれがいかに答えるかは、重要ではない。

ホールドワース（Holdworth）——彼は後者の見解を表明したのだが[12]——は、宗教感ないし道徳感の冒涜もしくは共同体組織に対する罪のように、金銭では償うことのできない数多くの犯罪を発見した。しかし、そのような犯罪が王によって裁かれることになっていたことは、当然の結果であった。

同様の結論に到達したごく最近の研究論文において、ミューラーは、古代のゲルマンおよびローマの法律のいずれも、他の古代の法体系と同様、純粋に私的な不法（私的犯罪 delicta privata）と共同体もしくはその君主が処理すべき不法（公的犯罪 crimina publica）とを区別していた、と結論づけた[13]。

われわれが従う理論が何であれ、不法行為に基づく請求および公的訴追の両者が、その共同体の個々の構成員の一定の財、利益、もしくは権利に対して加えられる損害（私的犯罪 delicta privata）、または共同体それ自体に対して加えられる損害（公的犯罪 crimina publica）の賠償もしくは予防のために設けられたことは、今もそのとおりである。請求もしくは訴追の主たる理由は、それゆえ、法律違反ではなく、むしろ、生命、身体、財産等のような価値ある財に対する有形的損害にあった。かくして、実質的侵害に加えて形式

---

(12) HOLDSWORTH, 2 HISTORY OF ENGLISH LAW 48 (3d ed. 1927).
(13) Muller, *supra* note (11), at 309-10. ローマ法（12表法）に関して、ミューラーは、すでに REIN, DAS CRIMINALRECHT DER RÖMER (1844) によって提案された次の区別に従っている。
 （ⅰ）信心に対する行為および神聖な境界石の撤去に対する行為、
 （ⅱ）公的犯罪（*crimina publica*）、すなわち国家の存在に対する犯罪、とりわけ反逆罪（treason）および共謀罪（conspiracy）、
 （ⅲ）私的不法。しかし、私的不法の場合、国家は、同害報復（talio）の限界の適切な監視を推進するのに関心があったといってよかろう。

(2) 歴史的考察

的違法性の考えが、犯罪概念のより発展した概念化以前のものであることはありえなかった。イギリス法史上、犯罪を法律違反、それゆえに王に対する不服従へと抽象化するこの傾向は、もともとは、「王の平和 (king's peace)」という銘句によって始められた[14]。これは、最初、純粋に裁判管轄上の事項であった。ポロックとメイトランド (Pollock & Maitland)[15] は、それについて次のように述べている。かつて、王の保護は、普遍的なものでなく、領土的 (territorial) なものであった。王の家族と家、王の従者と召使い、そしてその他、王によって個人的に選ばれた人々だけが、王の権力および王の法廷によって保護された。殺害に基づく恨み (blood feud) を鎮静することによって自国の人的資源を維持することについての王の強い関心[16]、および自己自身の個人的地位を堅固にすることについての王の関心を考慮すると、王の平和、そしてそれと共に王の司法権が、彼の一家および法廷を超えて、天下の公道 (king's highways)、ついにはその国全土へと着実に広がり、公の秩序の常態的な盾および防護として絶頂を極めたことは、当然のことであった[17]。あまりに奇妙なことに、王の平和のこのような裁判管轄上の拡張もまた、刑事不法の概念に大きな影響を及ぼした。王の平和を破ることは、君主に対する個人的な不服従の行為と考えられたので、その臣民および彼らの利益は、王の平和に包含されることによってよりよく保護されたのである。それゆえ、王の平和は、時代が過ぎるにつれ、王自身のために保護されるものではなくなった。すなわち、王の平和は、個人もしくは社会の諸利益を保護したのである。しかしながら、これらの利益ですら、公共の平和と安全についての王の利益によって、ゆっくりと吸収され、あるいは少なくともその中

---

(14) ゲルマン法における王の平和 (Königsfriede) と民族の平和 (Volksfriede) の発展については、H.BRUNNER, 2 DEUTSCHE RECHTSGESCHICHTE §§ 65-66 (1982) 参照。

(15) 1 HISTORY OF THE ENGLISH LAW 22 (1895).

(16) HOLDSWORTH, *supra* note (12), at 50-51.

(17) POLOCK & MAITLAND, *op.cit. supra* note (15), at 23.

第1章　刑事不法の実質としての侵害

に統合されていったのである。

　個人に対する侵害が王の利益ないし後には国家の利益に対する侵害へと転換されるこの着実なプロセスを通して、一定の権利および財の損失によって惹起される犯罪の現実的侵害は、忘れ去られた。すなわち、王ないし国家に対する不服従が、犯罪の本質として登場したのである。しかし、この点からすれば、それは、犯罪を、法律によって禁止されたか強制されたかのいずれかの行為の作為または不作為の中にある公的不法（public wrong）とみなすことへのほんの一歩手前であった。

　個人の自由が規則の氾濫によって著しく脅かされ、その規則の諸目的もまたきわめてしばしば曖昧と思われるわれわれのような時代においては、刑事責任の起源を研究することは、重要である。この研究から、刑法上の禁止は、そのような保護に値する目的および利益のためになされる場合にのみ正当化されることがわかるかもしれない。それゆえ、われわれは、刑事責任の基礎を再検討する必要がある。正義が制裁を要求する刑事責任の真の内容を再び発見する必要がある。これを探求してみると、法の歴史は、次のことを証明している。すなわち、一般的に行われている多くの犯罪定義における形式的違法性の優位は、個人的および社会的利益は王の利益と合致したときにもっともよく保護されるという観念の歴史的所産にすぎない、と。それにもかかわらず、われわれは、犯罪の不法は、王とか国家の命令、すなわち、法律の侵犯のみにある、という結論に誤って導かれるべきではなかろう。むしろ、形式的な法律違反は、その法律が保護すべく予定している利益の損害の中にその実質的内容を有している、ということがつねに理解されるべきである。

　犯罪の一般的な制定法上の定義に関するかぎり、ほとんどの国家間において、合意が存在することはまれである。侵害原理を考慮したり犯罪の実質的不法を記述している定義ですら、どこにも見いだすことができない。ほとんどの定義は、犯罪を、単に、法律の侵犯における作為または不作為であり、それに罰則を伴うものと呼んでいる[18]。

(2) 歴史的考察

　より多彩な像は、学者によって述べられた定義によって表明されているが、彼らのほとんどは、自分自身の犯罪定義を有している。これは、単に言い回しにおいて差異があるかぎりでは、たいして重要ではない。しかしながら、犯罪の定義は、通常、法一般についての著者の考えによって条件づけられるので、相矛盾する諸定義間の相違は、その本質のひとつとなり、それゆえ、もしその根底にある法の概念が基本的に異なれば、相容れないものとなる。それにもかかわらず、犯罪の性質を定義しようとの試みの歴史を再検討するとき、われわれは、犯罪の形式的性質を記述しようとする試みにおいては犯罪定義の諸問題に対して当初は無関心だったのが、現在は実質的犯罪概念にますます向かいつつあるという、発展の明確な路線を認めることができる。

　初期の刑法学者たちによって発表された犯罪の定義を考察することにしよう。エドワード・コーク（Edward Coke）は、犯罪の定義の必要性を認めず、犯罪の真の内容に対する当時の一貫した感情にできるだけ帰属可能な事実を認めた。いずれにしても、彼は、犯罪を犯す能力の問題を伴う犯罪に関する著作を公表した[19]。彼の解答は、刑事事件においては精神錯乱者の「行為と不法」は彼の責に帰せられるべきでないと彼が述べるかぎりで、興味深い。コークは、こうして、犯罪行為と犯罪結果、すなわち不法との明確な区別を行っている。しかし、「不法」によって彼は何を言わんとするのであろうか。法律違反だろうか。法益侵害だろうか。コークは、解答を出してはいない。

　ウィリアム・ブラックストーン（William Blackstone）は、より詳細な提言を示した。ブラックストーンは、法律の抽象化をより高次の段階にまで展開させることにより、犯罪を、「それを禁止しているかもしくは命令している

───────────

(18) *supra* note (9). および添付されたテキスト参照。また、CAL. PENAL CODE sec. 15 ; OKLAHOMA STATUTES art. 21 sec. 3 ; TEXAS PENAL CODE arts. 47, 48 をも参照。

(19) COKE, FIRST INSTITUTE OF THE LAWS OF ENGLAND 416 (Thomas ed. 1836) 参照。

第1章　刑事不法の実質としての侵害

公法の侵犯において、遂行されもしくは懈怠された行為」[20]として定義した。他の多くの者によって繰り返されたこれらの言葉において、ブラックストーンの定義は、法律違反によって証明されるような形式的違法性についてしか考えないような諸概念の中でもすぐれた一例である。この唯一の引用句を彼の法的枠組み全体のコンテキストへと移すことによって、ブラックストーンはその犯罪定義の形式主義的外観にもかかわらず刑事不法の実質的要素を見失うつもりがなかったことが明らかになる。彼が「不法」[21]（彼の定義の説明）について語るとき、何か実質的なものを考えていただけでなく、犯罪は「公的不法」として、共同体全体に対して負っている権利および義務の侵犯であると述べるとき[22]、その実質的要素をも暗示していたのである。犯罪についてのこのような記述によってたとえ多くの疑問が未解答のまま残っているとしても[23]、刑事不法を形式的な法律違反の中にのみ見いだそうとしない実質的犯罪概念への確たるこだわりをなお認めてよいであろう。

　ブラックストーン以後、犯罪の観念を抽象化する傾向が増加した。当然の帰結として、犯罪の形式的要素が、その実質的性質を犠牲にして、過度に強調された。かくして、犯罪は、やがて、法律との形式的な関係、すなわち、法律違反の中にのみ見いだされるようになった。このような多様な犯罪定義を提起した著者の中には、ジェームズ・フィッツジェームズ・スティーブン

---

(20)　4 BLACKSTONE, COMMENTARIES *5.
(21)　かくして、「不法」についての一般的概論（3 BLACKSTONE, COMMENTARIES *1-2）において彼は、法律は実質的目的、つまり「権利の創設と不法の禁止」を有している、と宣言しているのである。
(22)　Supra note (20). この実質的概念は、「すべてのケースにおいて犯罪は侵害（injury）を含む。あらゆる公共犯罪は私的不法でもあり、またいくぶんかそれ以上のものである。あらゆる公共犯罪は個人を攻撃し、また同様に共同体をも攻撃する」（id. at 6）という叙述によってますます明確に表現されている。
(23)　KENNY, OUTLINES OF CRIMINAL LAW 1-20 (15th ed. 1936) 参照。彼は、当然のことながら、ブラックストーンの定義における曖昧さと、2つのちぐはぐな言い回しを解釈することの困難さを非難している。

(2) 歴史的考察

(James Fitzjames Stephen)[24]、ワートン（Wharton）[25]、オースチン（Austin）[26]、ミラー（Miller）[27]、そして最近ではバーディック（Burdick）[28]がいた。これらの中で典型的なのは、「犯罪とは、国家に対する攻撃として処罰可能な作為または不作為である。」[29]とするマクレーン（McClain）の簡潔な定義である。

19世紀に生まれたこれらの形式主義的犯罪概念は、おそらく、当時有力であった法実証主義の当然の結果であったといえよう。それにもかかわらず、いく人かの著者は、反対の見解を維持していたのであり、そのもっとも著名なのは、ヘンリー・ジョン・スティーブン（Henry John Stephen）[30]とジョエル・プレンティス・ビショップ（Joel Prentiss Bishop）であった。ビショップは、侵害の問題についてきわめて鋭い洞察を示した。彼は、ある行

---

(24) Stephen, A General View of The Criminal Law of England 1 (1863)は、「犯罪とは、刑罰という苦痛の下で禁止された法律に対する不服従の行為である。」としている。スティーブンは、後にこの定義を否認し、刑法の主題とは何かという「記述」のみしか獲得できない、と考えるに至った。そこにおいて彼は、刑法によって保護された主要な実質的利益の記述を行っている。彼の 1 History of the Criminal Law of England 1, 3 参照。また、Vol. 2 at 94 をも参照。ある人に刑事責任がある「諸条件」について述べるとき、彼は、侵害要件に言及してはいない。

(25) Wharton, Criminal Law and Procedure 16 (12th ed. 1932)は、犯罪とは、「法律によって処罰される行為」である、としている。その後の版では、いくらか変化がある。

(26) オースチンは、「犯罪とは、刑法の侵犯である。」としている。Snyder, An Introduction to Criminal Justice 8 (1953) 参照。

(27) Miller, On Criminal Law 16 (1934) は、犯罪とは、「国家自身の名における手続によって国家によって科される刑罰という苦痛の下で法律が禁止しもしくは命令する行為の作為または不作為」である、としている。

(28) Burdick, Law of Crimes § 70 (1946) は、犯罪とは、「それを禁止しもしくは命令している公法を侵犯し、かつ害された政府によって処罰されるいっさいの行為の作為」である、としている。

(29) McClain, Criminal Law § 4 (1897).

第1章　刑事不法の実質としての侵害

為から生じる危害が必ずしもすべて、その行為を起訴可能なものたらしめるのに十分というわけではなく、そのような行為は「個人から区別された公衆全体に対して有害なもの」でなければならず、「さもなくば、それは、公衆が自らに対して加えられたものとして注目する性質の個人に対する不法でなければならない」という事実を強調した[31]。非常に類似した見解は、ウィンガースキー（Wingersky）によっても唱えられた[32]。

侵害原理についての諸見解は、20世紀に近づくにつれ、より限定的なものになる。われわれは、まず、ギリン（Gillin）やブラソル（Brasol）のように、犯罪とは社会的に危険な行為であるとか、社会の一定の法的権利を侵す行為である[33]、とする社会学派の追随者の見解を検討しなければならない。この学派は、法形式主義（legal formalism）に対する生来の疑念と法律の社会学的理解のゆえに、必然的に実質的犯罪概念に到達した。しかしながら、この学派は、伝統的なコモン・ローの伝統の真の代表者とはいえない。それでも、彼らもまた、刑事責任の基礎をも考察することによって、侵害を犯罪の一要素とみなす立場に到達した[34]。この種のもっとも簡潔にしてもっとも正確な定義は、──「法律によって定義されかつ処罰可能なものとされる

---

(30) STEPHEN, 4 NEW COMMENTARIES ON THE LAWS OF ENGLAND 77 (4th ed. 1858) は、「犯罪とは、権利の侵犯（violation）である。そのような権利の侵犯の悪しき傾向との関連性が考えられるときには、共同体全体に関する権利の侵犯である。」としている。

(31) BISHOP, 1 COMMENTARIES ON THE CRIMINAL LAW § 232 (5th ed. 1872); また、§§ 32, 230-31 をも参照。

(32) CLARK & MARSHAL, ON THE LAW OF CRIMES 14-15 79, 89, (6th ed. By Wingersky , 1958)〔以下、CLARK & MARSHALL として引用する〕。

(33) BRASOL, THE ELEMENT OF CRIME 30 (1931). 社会学派に起源を有していないけれども、ある犯罪においてなされた危害のゆえではなく、犯罪者がその有害な行動によって示した危険性のゆえに処罰しようとする人々の結論も、類似のものである。Gausewitz, *Considerations Basic to a New Penal Code*, 11 WIS. L. REV. 346, 368 (1935/36); Mackay, *Some Reflections on the New Canadian Criminal Code*, 12 TORONTO U. L. J. 206, 209-10 (1957/58) 参照。

18

(2) 歴史的考察

いっさいの社会的侵害」[35]という具合に——パーキンス（Perkins）によって与えられた。

侵害要件に対するより絶大な支持は、コモン・ローの伝統の内部にとどまりつつも、より理論的・哲学的基礎に立って犯罪定義を試みた学者たちによって与えられた。彼らの見解では、犯罪の一般的性質は、侵害原理を含むいくつかの一般原理によって概念化されるであろう。ここでは、侵害要件は、犯罪の付随的部分にとどまらずその本質的部分である——このように基礎づけられた——がゆえに、当然ながらきわめて大きな支持を受けるのである。かくして、侵害は、より高い地位のコンテキストへと、すなわち、刑事責任の基本的諸原理のひとつとして位置づけられたのである。この見解に与する著者らの中で、特に名を挙げるべきだとすれば、ジェローム・ホール[36]、ジェラード・O・W・ミューラー[37]、そしてオーヴィル・C・スナイダー[38]であろう。ホールは、その7つの一般的原理（形式的および実質的要素の統合）の見地から、犯罪を「犯罪者が処罰の制裁に服する理由となるところの禁止された侵害を（目的論的に）惹起する法律上禁止された（任意的）行為」[39]と定義する。

アメリカ法における侵害要件の存在について語るとき、われわれは、刑法上の考察よりもむしろ実際上は憲法上の考察から生まれた学説、しかしそれ

---

(34) Hitchler, *The Physical Element of Crime*, 39 DICK. L. REV. 95（1934／35）参照。彼は、「その有害な諸結果もしくは諸傾向のゆえに刑罰によって鎮圧されるべき行為が行われた」という証明に基づいてのみ刑罰は正当化される、と考えている。また、KENNY, *op.cit. supra* note (11), at 5 も、侵害を犯罪の3つの特徴的要素のひとつとみなしている。また、DANGLE, CRIMINAL LAW 3（1951）; State v. Western Union, *supra* note (1) をも参照。
(35) PERKINS, CRIMINAL LAW 8（1957）.
(36) GENERAL PRINCIPLES 18 および 212-246.
(37) Mueller, *On Common Law Mens Rea*, 42 MINN. L. REV. 1043, 1052, 1066（1958）.
(38) SNYDER, AN INTRODUCTION INTO CRIMINAL JUSTICE 112, 759（1953）.
(39) GENERAL PRINCIPLES 225 n. 47.

第1章　刑事不法の実質としての侵害

にもかかわらず侵害の問題の非常に重要な側面である学説、すなわち、いわゆる功利主義原理 (utility principle) を認めなければならない。最近の著作[40]の中で、スコット教授は、きわめて重要なのは、とりわけ不十分にしか考えられないままどんどん増え続ける安易な刑事立法の産物に直面して、過剰な心配をする立法者が憲法上の限界を超えることを効果的に制限するよう工夫することである、と確信をもって述べた。多くのそのような制定法が必ずしもつねに、ある憲法上の規定に明白に違反しているとはいえないので、それらを無効だと宣言するための伝統的論拠は、十分とはいえない。しかしながら、幸いにも、あれやこれやの理論に依拠して、著しく不合理または無益な立法的所産を無効にする勇気を奮い起こす法廷が数多く増えつつある。

もちろん、本稿は、多くの不合理な禁止についての憲法違反性を実際に根拠づけるところの功利主義が犯罪概念の内部に含まれうるかどうかを決定する場所ではない。ホールの『刑法の一般原理』の批評においてこの問題を議論したとき、ミューラーによっていくつかの疑問が提起されたが[41]、しかしこの見解は、あまりにも悲観的である。法益 (legal interests) の価値的側面を扱うにあたり (後出・第3章)、われわれは、功利性要件は実際のところ、刑法上保護された利益の憲法上の基礎づけの一部分であり、そしてそれ自体、それらの構造に不可欠の部分である、ということを認めるべきである。ここでは、功利性思考の現在の展開はコモン・ロー内部での侵害原理に対して与えられる承認と重要性とが増大しているもうひとつの兆候にほかならない、と書き留めておけば十分である。

いわゆる大陸法国家における大多数の刑法典は、犯罪の実質的定義をしていないか、あるいはかりに定義していても、——法律によって可罰的たらしめられる違法かつ有責的な作為または不作為という具合に——どちらかとい

---

(40) Scott, *Constitutional Limitations on Substantive Criminal Law*, 29 ROCKY MT. L. REV. 275, 280-83 (1957).

(41) Mueller, *supra* note (3), at 224-5.

(2) 歴史的考察

えば形式的な方法で通常は犯罪を定義している[42]。この事実は、一見すると侵害要件を無視しているかのよう見えるかもしれないが、過度に重視されるべきではない。なぜなら、刑法典上の諸々のギャップは、通常、著名な法律学者によって展開される諸々のルールや提案でもって裁判所によって埋め合わせをされるからである。それゆえ、もし、われわれが大陸法体系によって維持されている侵害要件についての諸見解を確定しようと望むなら、これらの点についての権威ある学派および学者の諸見解に目を向けなければならない。

大陸法の内部では、われわれは、ローマ法を起源とする体系とゲルマン法を起源とする体系との間に、いくつかの顕著な相違があることを認めることができる。ローマ法系の国々は、一般に、侵害の問題に対して、より形式的、論理的アプローチを示している。もちろん、社会学派（sociological school）や社会防衛運動の追随者は、そこから除外される[43]。例えば、フランスの刑法理論においては、犯罪（*l'infraction*）は、(a) 法律的要素（*élément légal*）、(b) 実質的要素（*élément matériel*）、(c) 道徳的要素（*élément moral*）という3つの要素から構成されている[44]。一見すると、実質的要素が侵害要件についてのわれわれの定義を含んでいるように思われるかもしれない。しなしながら、そうではない。というのは、法律的要素が罪刑法定主義（the

---

(42) 「犯罪とは、犯罪者に帰せられかつ法律によって処罰されるいっさいの違法な行為である」。GREEK PENAL CODE art. 14 (1950). それどころか、より簡潔には、これは、犯罪とは、「法律による処罰に服するいっさいの任意的な作為もしくは不作為」である、となる。CHILENIAN CODE art. 1 (1875). 日本の定義の類似性については、SAITO, DAS JAPANISCHE STRAFRECHT, in MEZGER-SCHÖNKE-JESCHECK, DAS AUSLÄNDISCHE STRAFRECHT DER GEGENWART 209, 227 (1955) 参照。

(43) Ferri, *The Reform of Penal Law in Italy*, J. CRIM. L., CRIM. & P. S. 178 (1921/22) 参照。

(44) Pierre Bouzat, *Traité théoretique et pratique de droit pénal*, No. 64 (1951) 参照。

第 1 章　刑事不法の実質としての侵害

principle of legality）を具象化し、そして道徳的要素が有責性（culpability = mens rea）原理を具象化しているのに対して[45]、実質的要素は、犯罪の外的側面だけに、すなわち、禁止された行為が外的な作為または不作為によって示されているかという問題だけに関係づけられるにすぎないからである[46]。外的結果の問題は、このようにして提起されるが、われわれが後で見るように、この現象は、侵害の現象とは異なる。しかし、フランスの犯罪定義が侵害要件の承認を明確には含んでいないとしても、その理論は、侵害原理を必ずしも完全に封じ込めているわけではない。フランスの理論は、形式的犯罪概念に加えて、その本質的意味において、犯罪についての実質的記述をも示しているのである。かくして、ブザ（Bouzat）は、犯罪を、「社会の秩序、平穏、および平等に対する攻撃としてそれ自体外的に表れる、そしてそれゆえに法律が刑罰で制裁を加える作為または不作為」として「記述している」[47]のである。

　犯罪についての形式的定義と実質的記述との間の類似の区別は、イタリア人によっても行われている。しかしながら、イタリアの学者は、犯罪の形式的要素に関して 2 つの学派[48]に分かれている。すなわち、不法の本質的性質

---

(45)　Id. at No. 65, 103.

(46)　Id. at No. 97 は、「実質的要素とは、外的行為であり、それによって犯罪が特徴づけられ、かついわば実体を成すものである。」としている。

(47)　Id. at No. 57.

(48)　伝統的な学派は、犯罪を 2 つの部分、すなわち、客観的要素と主観的要素に分けており、前者は犯罪行為の問題に関係するものであり、後者は有責性（guilt）の問題に関係するものである。追随者としては、マンティーニ（Manzini）、フロリアン（Florian）、ラニエーリ（Ranieri）がいる。より詳細については、Antolisei, Manuale di Diritto Penale, Parte Generale 147 (1957) を見よ。他の学派は、ドイツ理論に従って、行為、違法性（antigiurieicita）および有責性の 3 部に分ける。Bettiol, Diritto Penale 140 (2nd ed. 1950) がそうである。また、デリターラ（Delitala）、マッギオーレ（Maggiore）、ペトリチェリー（Petricelli）も同様である。Antolisei, supra at 144-5 参照。

22

(2) 歴史的考察

について、いまだ合意がまったくないのである。1860年代に、カララ（Carrara）は、犯罪を「義務の遂行によっても権利の行使によっても正当化されない、刑罰によって威嚇された人間の外的行為から生じる国家の侵犯」という具合に、きわめて実証主義的に記述していた[49]。社会学派によってなされた偉大な努力やドイツ刑法理論に由来する強い影響にもかかわらず、イタリアの古典学派は、今なお、侵害要素を犯罪の定義に結び付けるいっさいのことに懐疑的である[50]。フランツ・フォン・リスト（Franz von Liszt）によって広められた実質的違法性の観念すらも、一部の者によっていまだ拒絶されているのである[51]。

　法益に対する侵害としての実質的違法性の観念が明確に否定されている他の刑法理論としては、ギリシア[52]、日本[53]、そしてアルゼンチン[54]の刑法理論が挙げられる。イタリア人と同様、彼らは、行為の「類型性（*typicita* = typicalness）」[55]の中に示されたような形式的違法性という要素とあらゆる正当化の不存在で満足している。

---

(49) CARRARA, PROGRAMMA DEL CORSO DI DIRITTO CRIMINALE, PARTE GENERALE §§ 21 (1863) 以下。

(50) BETTIROL, *op.cit. supra* note (48), at 133 参照。そのほかの点を除いて、ベッティオールは、実質的違法性の考えの確固たる支持者である。*Id.* at 193 参照。「内容——実質——のない違法性は、何ら存在理由がない。」という。

(51) 例えば、ANTOLISEI, *op.cit. supra* note (48), at 137. ベッティオールに反対のものとして、*supra* note (50) の彼の言明参照。

(52) MANGAKIS, DAS GRIECHISCHE STRAFRECHT, in 3 MEZGER-SCHÖNKE-JESCHECK, *op.cit. supra* note (42) at 255, 281 参照。ここでは、犯罪の本質は、実質的侵害に関係づけられているのではなく、もっぱら法規範の違反に関係づけられている。

(53) SAITO, *op.cit. supra* note (42), at 234 参照。ここでもまた、実質的違法性は、法律によって形式的に禁止されているところのものに狭く制限されている。

(54) アルゼンチンの刑法理論は、フォン・ベーリング（von Beling）によって展開されたような形式主義的な原則－例外関係の意味での違法性の概念を今なお使用している。NUNEZ, DAS ARGENTINISCHE STRAFRECHT, in 3 MEZGER-SCHÖNKE-JESCHECK *op.cit. supra* note (42), at 11, 23 参照。

第1章　刑事不法の実質としての侵害

　さらに、ここでは、未遂（attempt）および正当化（justification）の問題が解決のために考察されるとき、実質的違法性の概念の必要性は、差し迫ったものとなる。かくして、例えば、当該法益に関係なく予備と未遂との間の厳密な境界線を確定することは、不可能である。ギリシア法に関して、マンガキス（Mangakis）[56]は、緊急行為（necessity）の問題は、一方での被害法益と他方での緊急状態での犯罪行為者の法益との比較を要求していることを認めている。

　たった今紹介した諸体系とは反対に、実質的違法性の考えは、ゲルマン系の国々（オーストリア、ドイツ、スイス）では、通常、承認されている。リトラー（Rittler）は、オーストリアの刑法体系において、形式的な法律違反は、形式的に違法な行為によって侵害された法益との関連によってのみそのより深い意味を獲得することを強調している[57]。スイスの刑法学者フィタール・シュヴァンダー（Vital Schwander）もまた、実質的違法性を法的財（legal goods）もしくは法的に保護された利益の危殆化または破壊とみなしている。彼は、さらに、最終的な分析において、形式的違法性と実質的違法性とは相互に符合していることを強調する[58]。

　以上のような実質的違法性概念と実質的犯罪概念は、ドイツ刑法学の影響によって相当程度まで形成された。かくして、特に今もなおもっとも洗練された法益（legal interests）の概念、そしてそれゆえに刑法上の侵害（criminal harm）の概念であると思われる「法益（*Rechtsgut*）」の観念に関して、ドイ

---

(55) すなわち、制定法上の犯罪定義の類型的な諸々の要素と条件の充足のことである。

(56) MANGAKIS, *op.cit. supra* note (52), at 290.

(57) THEODOR RITTLER, 1 LEHRBUCH DES ÖSTERREICHISCHEN STRAFRECHTS 116 (2nd ed. 1954). 類似のものとして、FRIEDRICH NOWAKOWSKI, DAS ÖSTERREICHISCHE STRAFRECHT IN SEINEN GRUNDZUGEN 51-53 *passim* (1955) がある。

(58) VITAL SCHWANDER, DAS SCHWEIZERISCHE STRAFGESETZBUCH 61 (1952). しかし、ERNST HAFTER, LEHRBUCH DES SCHWEIZERISCHEN STRAFRECHTS, ALLGEMEINER TEIL 93-4 (1946) をも参照。

(2) 歴史的考察

ツの理論の内部での発展をより詳細に跡づけることは、価値があるし、必要でもある。

われわれは、ドイツの実質的犯罪概念における侵害および実質的違法性についての現在の学説の起源[59]を、近代ドイツ刑法学の父であるパウル・ヨハン・フォン・フォイエルバッハ（Paul Johann von Feuerbach 1775-1833）に遡らせることができる。フォイエルバッハは、国家と国民との間の社会契約によって法的保護を得る自然権（natural rights）という初期の自由主義思想に基づいて、法律違反による国家へのいかなる攻撃もまた、国家が保護しようとする個人の権利の侵犯になる、と考えた。かくして、フォイエルバッハにとっては、犯罪は、国家もしくは個人の権利の侵犯にあるとされる[60]。しかしながら、この定義は、やがて、それ自体あまりにも狭すぎるものであり曖昧すぎるものであることが判明した。「権利」とはいかなる意味だったのか。客観的意味における権利なのか、それとも主観的意味における権利なのか。権利として分類できない法的諸価値の関係はどうなるのか。その後展開された論争の中から、2つの思考系列が出現した——ひとつは、本質的にビンディング（Binding）の形式的違法性へと連なるものであり、他のひとつは、フランツ・フォン・リストの実質的違法性へと連なるものである。

形式的違法性の理論は、どちらかといえば複雑な展開をした。19世紀初頭の歴史学派から、そしてまたユリウス・シュタール（Julius Stahl）の神権的法哲学（theocratic legal philosophy）から、国家の権利を除くいかなる権利も、あるいは国家の権利より勝るいかなる権利も断固として拒否する動きが出現した。「社会契約（social contract）」という自然法理論とは対照的に、国家は、個人の権利および利益の唯一の基礎であるとは考えられなかった[61]。

---

(59) 以下については、ROBERT VON HIPPEL, 1 DEUTSCHES STRAFRECHT 19, 17 (1925); ERNST HEINITZ, DAS PROBLEM DER MATERIELLEN RECHTSWIDRIGKEIT (1926); RICHARD M. HONIG, DIE EINWILLIGUNG DES VERLETZTEN (1919) 参照。
(60) v. HIPPEL, *op.cit. supra* note (59), at 296-7 参照。
(61) HONIG, *op.cit. supra* note (59), at 46 参照。

第1章　刑事不法の実質としての侵害

　このような前提の理論的帰結は、犯罪とは必ずしも個人の権利の侵犯ではなく、むしろ公法違反による国家の危殆化である、というものであった。
　このような展開は、カール・ビンディング（Karl Binding）によってさらに拡大された。彼は、「法益（*Rechtsgut*）」（legal good）の観念を認め、推進すらしたが、犯罪の本質の確定にそれを用いなかった。なぜなら、彼は、法益の価値および意義は立法の諸目的に限定されると考えていたからである。その犯罪概念において、彼は、「規範」論（theory of the "norms"）に基づいた純粋に論理実証主義的なアプローチを用いた。すべての法律上の権利および利益は、国家の相応の諸規範へと具現化されることによって保護されると考えられたので、それらは必然的に規範によって吸収され、それによって、犯罪の実質的内容における重要性を失った。国家の規範は、それが名宛てされている国民からの服従を要求するので、規範違反は、国家への不服従となり、それが国家に刑罰権を認める理由となる[62]。それゆえに、ビンディングにとっては、刑事不法の本質は、一定の利益もしくは権利の侵害（impairment）にあるのではなく、規範の不服従にあるのである。この不服従は、すべての犯罪に共通するので、それは本質的には、純粋な形式的違法性に他ならない。
　実質的違法性の概念の展開は、さらに別の経緯を辿った。フォイエルバッハが犯罪を個人もしくは国家の「権利」の侵犯（violation）として定義づけてから後、その客体がその正確な意味において「権利」とは呼ぶことのできないすべての伝統的犯罪（例えば、強姦（rape）、破産（bankruptcy）等）は、犯罪概念から除外されざるをえないことが明らかになった[63]。この概念は、

---

(62)　KARL BINDING, 1 HANDBUCH DES STRAFRECHTS 181, 503 (1885) 参照。
(63)　実際上、フォイエルバッハ自身の結論、すなわち、近親相姦（incest）、強盗、破産（bankruptcy）、自損行為（self-mutilation）は処罰されるべきだが、それらは「権利」に対して向けられているのではないので、非刑事犯罪（non-criminal offences）としてのみ処罰されるべきである、という結論がそうである。v. HIPPEL, *op.cit. supra* note (59), at 297 with n. 4 参照。

(2) 歴史的考察

もちろん、不十分なものであった。結局、カール・ビルンバウム（Karl Birnbaum）は、フォイエルバッハの「権利」を彼独自の「法的財（*Rechtsgut*）」(legal goods) 概念に取り換えた。この提言は、ほとんど一般的に賞賛を得た。犯罪は、今や、「国家権力によって万人に等しく保障された財（good）の侵害もしくは危殆化」であると考えられた[64]。「法益」の要素に関する長い論争の後、それは一般的に、「法的に保護された利益（legally protected interest）」として定義された[65]。「法益」の定義は様々であるけれども、その基本的概念は、確実に近代ドイツ刑法思想の重要概念となった[66]。

この状況からは、それは、実質的違法性概念の発展への、したがって実質的犯罪概念への大きなステップとはならなかった。実質的犯罪概念への大きな進展は、フランツ・フォン・リストが、法的に保護された利益への攻撃はそれ自体違法であり、これを超えて法秩序によって特別な禁止の必要性はない、と明言したとき、彼によってもたらされた。フォン・リストが述べたように、「法益概念は、必然的に、いかなる干渉の禁止をも含む」[67]。かくし

---

(64) BIRNBAUM, 15 ARCHIV FÜR CRIMINALRECHT 149, 179 (1834).

(65) v. LISZT, LEHRBUCH DES DEUTSCHEN STRAFRECHTS 8 (4th ed. 1891). 特にその発展については、HONIG, *op.cit. supra* note (59), at 60-76 および彼の批判 at 83-112 参照。

(66) MAURACH, DEUTSCHES STRAFRECHT, ALLGEMEINER TEIL 168 (2d ed. 1958)〔以下、MAURACH として引用する〕参照。しかしながら、最近数十年間、犯罪の実質的不法の中心としての「法益（Rechtsgut）」は、２つの動向によって挑戦を受けた。ひとつは、いわゆるキール学派（Kiel-School）（ダーム（Dahm）、シャフシュタイン（Schaffstein）、ガラス（Gallas））に由来するものであり、それは、ナチの影響を受け、刑事不法を一定の保護可能な利益の侵害（injury）の中にはほとんど見いださず、むしろ国家に対して負わされた諸々の義務の違反の中により多く見いだしたのである。もうひとつの動向は、ヴェルツェルの目的的行為論の極端な帰結として、客観的利益に対してなされた侵害よりもむしろ行為の主観的人格的無価値を主に強調する。この動向においては、ヴェルツェルは、ほとんど孤立している。後出・第２章参照。

(67) v. LISZT, *op.cit. supra* note (65), at 145.

第1章　刑事不法の実質としての侵害

て、犯罪の本質は、もはや法律の形式的違反ではなく、法的に保護された利益の侵害（injury）とされたのである。

不幸にも、この展開の進展は、形式的違法性と実質的違法性との関係およびそれらの最終的な区別についての論争のゆえに十分に実現されなかった[68]。それゆえ、両者をひとつの刑法上の違法性概念の中に規範的・体系的に結合させ統合させることは、妨げられたのである。その結果、形式的違法性は、容易に知覚可能な概念として、今やあらゆる犯罪の定義の一部になっている一方、実質的違法性は、いまだなお犯罪の包括的概念の中に組み入れられてはいないのである。それにもかかわらず、実質的違法性は、侵害要件を示すものとして、刑事立法の動機づけや犯罪の他の諸側面の説明のために、とりわけ重要なものであることが確かに認められている[69]。

刑法の社会主義学派について特別に述べておくことは、それが一方的な実質的犯罪概念の対極を正確に維持しているがゆえに、重要である[70]。ここでは、「社会的に危険な行為（socially dangerous acts）」によって惹起された侵害が、犯罪概念の中心に位置する。それは、犯罪者に刑事責任を負わせるところの、明確に定義づけられかつ法律上決定された禁止の形式的な充足ではない。その代わりに、それは、社会主義国家が保護することを要求している諸利益を破壊もしくは危殆化することによって顕在化される社会的に危険な

---

(68)　詳細については、Nagler, *Der Begriff der Rechtswidrigkeit*, in 1 FESTGABE FÜR FRANK 399（1930）参照。

(69)　MAURACH, *op.cit. supra* note（66）, at 168-180 ; MEZGER, STRAFRECHT 197-204（2d ed. 1933）参照。

(70)　ソビエトの犯罪概念のこのような実質的性格は、つねに、「ブルジョア」刑法の形式的概念と比較して進歩したものとして賞賛されている。ROGINSKII AND KARNITSKII, UGOLVNYI KODEKS R. S. F. S. R. 3（1936）参照。HAZARD & WEISBERT, CASES AND READINGS ON SOVIET LAW 43（1950）には、英語訳がある。ソビエト刑法一般については、Hazard, *Reforming Soviet Criminal Law*, 29 J. CRIM. L., C. & P. S. 157（1938）; Hazard, *Trend of Law in the USSR*, WIS. L. REV. 223（1947）; Berman, *Principles of Soviet Criminal Law*, 56 YALE L. J. 805（1947）; MAURACH, SYSTEM DES RUSSISCHEN STRAFRECHTS（1928）参照。

(2) 歴史的考察

行為の遂行である。

　ソビエト刑法の発展についての議論は、より詳細な分析を必要とするけれども、われわれは、それを完全に無視することはできない。それなくしては、社会主義の犯罪概念はほとんど理解されないであろう。ツァーリズム法 (Tsaristic law) の完全な崩壊の後、ソビエト刑法は、すぐにも社会主義革命の重要な一部分として認識された。西側の自由主義思想とは反対に、この新しい法律は、何よりもまず個人を国家による濫用から保護する防護柵となったのではなく、社会主義秩序の建設のための国家の道具とされたのである。こういう理由から、「法律なければ犯罪なし、法律なければ刑罰なし (*nullum crimen, nulla poena sine lege*)」という古い原理は、それが反革命的な個人や団体を抑圧する際に政府の権力を拘束することになるであろうことから、もはや適しなくなったのである。

　法律を国家の機能としてこのように新たに理解すること[71]は、犯罪概念の根本的変化の契機となった。まず、まっ先に『1919年の刑法原理 (Principles for the Criminal Law of 1919)』[72]は、すべての明確な犯罪の定義を抹消した。その代わりに、ひとつの一般条項をおいて、同『原理』は、犯罪とは「ソビエト体制に対して危険ないっさいの行為」である、と規定した。不安のカップになみなみと注ぐために、そのような社会的に危険な行為は、「正義の革命的良心」に従って判断されることになった[73]。

　1922年の刑法典においてソビエト人民に対するより大きな安全保障が短期間あった後、1926年に、それよりも厳しい新しい刑法典が公布され、1958年までその効力が維持された[74]。ここにおいて、われわれは、社会主義の犯罪概念の4つの主な特徴を明確に認めることができる。

　個人と国家の両方の利益を保障する非社会主義の刑罰法規のリベラルな態

---

(71)　Decree on Basic Principles for the Criminal Law of the R. S. F. S. R of Dec. 12 1919, in Hazard & Weisberg, *op.cit. supra* note (70), at 2 参照。
(72)　*Ibid.*
(73)　Maurach, Das Rechtssystem der USSR 18 (1953) 参照。

29

第 1 章　刑事不法の実質としての侵害

度とは反対に、ソビエトの刑罰法規は、社会主義の国家および社会の利益の明確な優越性を宣言している。これは、1962 年のソビエト社会主義共和国連邦刑法典（the R. S.F. S.R. Penal Code）の第 1 条に率直に表明されている。同条は、「労働者および農民の社会主義国家、ならびにその中での確立された秩序」を刑法上の保護の唯一の客体として明示している。

　同様の保護客体は、同刑法典の第 6 条の犯罪定義にも表れている。同法典は「社会的に危険な行為（socially dangerous acts）」という文言しか用いていないので、「犯罪」という言葉を用いることすらおそらく誤りであろう。しかしながら、社会的に危険というのは、「ソビエト体制に対して向けられた」いっさいの行為、あるいは「共産主義体制への移行期間での労働者および農民の権力によって創出された事態の秩序を侵害する」いっさいの行為に当てはまる。この犯罪定義の特色は、それが一定の法規違反に関係づけられるのではなく、むしろ保護されるべき諸利益に直接的に関係づけられている、ということである。かくして、犯罪を証明するためには、法律違反を示すだけでは十分でなく、むしろ法典の条項に列挙された諸利益の損害を示す必要があるのである。

　実質的要素のこの優越性は、類推適用によって、より明らかなものとすることができる。もし犯罪の実質が法律違反によって最終的に決定されないのだとすれば、当該行為が事実上社会的に危険である場合、法律違反の証拠に基づいて処罰することがはたして必要であるかどうかについて、疑問が生じる。特定の禁止違反という要件を否定することは、当然ながら類推を認めることを意味する。かくして、類推は、ソビエト法によって許容された。以上のような理由から、同法典第 16 条は、社会的に危険な行為は、たとえ同法典によって明確に扱われていなくとも、適用可能なもっとも類似する犯罪規定に従って制裁されてよい、と規定していたのである。しかし、もし同法典

---

(74)　1926 年のソビエト社会主義共和国連邦刑法典の英語訳は、英国外務省（the British Foreign Office）によって公刊されている（H. M. Stationary Office, London 1934）。

(2) 歴史的考察

によれば社会的に危険であるとされる行為が「取調べもしくは審理が行われるころまでに社会的に危険な性質を失い」、あるいはもし犯罪者が「裁判所の意見では今や社会的に危険であるとは考えられない」ならば、処罰されてはならないということ、このことがこの概念の極致である（第8条）。かくして、もし犯罪の実質が法律違反から成るのではなく、反社会的な危険な行為から成るのだとすれば、ある行為は刑法典の意味の範囲内にあるけれども、社会主義社会にとってもはや危険な行為でなくなれば、もはや犯罪でなくなる、ということが唯一論理的である。

しかしながら、1959年に、ソビエト刑法の基本的改革が、連邦政府の4つの立法措置によって開始された。もっとも重要なものは、「刑事立法の基本的原理（Basic Principles of Criminal Legislation）」[75]であったが、それは、数多くの重大な変化をもたらし、それらのうちのほとんどは、ソビエト市民にとり好都合であった[76]。しかしながら、実質的犯罪概念は、維持された。このことは、類推が廃止されたという事実にもかかわらず、なお真実であ

---

(75) SZIRMAI, 3 LAW IN EASTERN EUROPE 34-151 (Leyden 1959) における英語訳。ソビエト連邦（USSR）は、各連邦共和国が刑事事件に関する裁判権を有するひとつの共和国連邦になっているので、新しい『原理』は、理論的には、各連邦共和国によってすでに制定されている法律に優先して実施されはしない。しかし、実際上の問題としては、『原理』は、ソビエト全体の刑事立法に直接的影響を有している。

(76) 例えば、1926年に廃止された有責性という要件の復活（第3条を見よ）、類推（解釈）の撤廃（第3条）、刑法上の保護客体の個人の権利および利益への拡大、「社会防衛の手段（measures of social defense）」という用語に代わる「処罰（penalty）」および「刑罰（punishment）」という用語の再導入、が挙げられる。より詳細については、Grzybowski, *Main Trends in the Soviet Reform of the Criminal Law*, 9 AM. U. L. REV. 93 (1960); VAN BEMMELEN, INTRODUCTION TO SZIRMAI, *op.cit. supra* note (75) 参照。

また、F. J. Feldbrugge, *Soviet Criminal Law—The Last Six Years*, 54 J. CRIM. L., C. & P. S. 249-266 (1963) も、非常に有益である。彼もまた、近年、ソビエト刑法は一般的に好ましい方向に迅速に展開していることを示している、と結論づけている。

第1章　刑事不法の実質としての侵害

る[77]。というのは、犯罪の本質は、いぜんとして社会的に危険な行為とされたままだからである。これは、犯罪をなおも社会的に危険な行為と定義づけている新原理第7条第1項から生じるばかりか、むしろとりわけ第7条第2項で新たに認められた原理からも生じるものである。すなわち、その原理は、ある行為は、法律上の犯罪定義に含まれているとしても、「もしその行為の無意味さからして社会的に危険でないとしたら」[78]犯罪とはみなされないであろう、というものである。

　実質的犯罪概念は、多くの他の社会主義国家によっても採用された。それを採用した最初の諸国家の中で、ユーゴスラビアは、1947年刑法典においてそれを採用した[79]。ユーゴスラビア刑法典第4条は、犯罪を「その要素が法律によって定義づけられた社会的に危険な行為」と定義し[80]、かくしてそれは罪刑法定主義（the principle of legality）に固執し、類推を排除しているが、犯罪の実質的内容は、法規違反というよりもむしろ、犯罪者の社会的「危険性」に基礎を置いているのである。この結論は、ソビエトの「原理」における場合と同様に、ある行為は、犯罪の決定の要素を充足していたとしても、もし判決の時点で社会に対する危険とみなされなければ処罰されるべきでない、という規定に由来する（第4条）。この規定は、処罰に値する刑法上の犯罪は形式的な法律違反以上のものでなければならない、という論題

---

(77)　「犯罪の遂行、すなわち、故意に行われかつ法律によって禁止された社会的に危険な行為（！）について責任ある者のみが、刑事責任を負う。」と書いてある第3条（刑事責任の根拠）参照。

(78)　審理の時点で違法な行為がもはや社会的に危険でなくなった諸ケースの実際上の取扱いについては、MAURACH, AUS DER RECHTSPRECHUNG DER SOWJETISCHEN GERICHTE ZUM ALLGEMEINEN TEIL DES STRAFRECHTS, 4 JAHRBUCH FÜR OSTRECHT 66 (1963) 参照。

(79)　Donelly, *The New Yugoslavian Code*, 61 YALE L. J. 510 (1952) ; MUNDA, DAS STRAFRECHT JUGOSLAWIENS, in 1 MEZGER-SCHÖNKE-JESCHECK, *op.cit. supra* note (42), at 369 参照。

(80)　Donelly, *supra* note (79) at 512 参照。

(2) 歴史的考察

との関連でのみ理解できるのである。ドネリー（Donnelly）の言葉によれば、「行為は、刑法が保護し促進しようと予定している社会秩序に対する危険性（danger）を構成しなければならない」[81]。

1950年のチェコスロバキア刑法典は、本質的にはソビエトおよびユーゴスラビアのそれと同じである。しかしながら、チェコスロバキア刑法典が古典的・自由主義的犯罪概念の伝統的な体系的構造をその新たな実質的内容へと適合させようとしている点ではより進歩している。過去の「ブルジョア」犯罪概念に対する反動として、「違法性」という文言は、「社会的危険性（social dangerousness）」に置き換えられた。以前は法定の犯罪要素の充足はその行為の違法性を証明していたのに、今やそれは、「社会的危険性」の徴表として理解されている。チェコスロバキアの裁判官の主な仕事は、法定の犯罪要素の形式的充足を認定することではなく、その行為が社会的に危険かどうかを決定するためにその行為を審査することである。これらの要素が現存する場合にのみ、裁判官は、法律上の禁止の違反を認定してもよいのである[82]。

われわれは、東ドイツに現存する特殊な状況に関する簡単な論評を加えつつ、社会主義の犯罪概念についての概観を結論づけることにしよう。1871年の「ブルジョア」帝国刑法典は、今もなお有効であり、違法性という古い要素は、今なお維持されているけれども、現在では、社会的危険性が犯罪の基本的本質であると言われている。結局、ある行為は、形式的には違法であっても、もし「社会的危険性」が欠如していれば、犯罪とならないのである[83]。この変遷は、必然的に、ある行為は、もし「社会的危険性」が重大でなければ違法ではないという規定の創設を伴うことになった[84]。

---

(81) *Id.* at 513.
(82) SCHMIED, DAS TSCHECHOSLOWAKISCHE STRAFRECHT, in 2 MEZGER-SCHÖNKE-JESCHECK *op.cit. supra* note (42), at 359, 409 参照。
(83) LEHRBUCH DES STRAFRECHTS DER DEUTSCHEN DEMOKRATISCHEN REPUBLIK, ALLGEMEINER TEIL 265, 490 (Gerats-Lekschas-Renneberg eds. 1959) 参照。

第1章 刑事不法の実質としての侵害

◆ 結論：実質的な犯罪定義

　様々な犯罪概念についての以上の概観は、いずれにせよ侵害要件が刑法の実質的要素としてほとんど普遍的に承認されていることを示している。侵害原理が（ほとんどの非社会主義刑法理論におけるように）刑事政策のひとつの要素としてのみ考慮されるものであれ、あるいは（社会主義理論におけるように）「社会的危険性」という意味での侵害が犯罪の真の重大な内容とされるのであれ、少なくとも、事実上有害でないかぎり社会および政府は人間の諸活動を正しく処罰することはできないという普遍的合意はある[85]。

　しかしながら、もし侵害要件が刑法の基本原理であり、かついっさいの犯罪の本質的要素であるとすれば、それが犯罪の定義の中に統合され、その定義によって表明されることは、必然的なように思われる。かくして、われわれは、形式的な犯罪「定義」と実質的な犯罪「記述」とを区別するすべての理論を拒否しなければならない。このような区別を拒否することは、観念に混乱をきたしたり観念を二重にすることがないにしても、有益でないし、また存在論的にも不正確である。ハンス・ケルゼン（Hans Kelsen）のような純粋法理論[86]に従う場合にのみ、法律の形式と社会学的実態とのこうした区別をすることが可能になるにすぎない。観念論的な法実証主義（idealistic legal positivism）の危険な期間を経た後、われわれは、社会学上の諸事実から法形式主義（legal formalism）を「解放しよう」とするすべての試みを入念に

---

(84) 1952年10月2日の刑事訴訟法典（CRIMINAL PROCEDURE CODE）第158条、第164条、第221条参照。この点については、Gerats-Lekschas-Renneberg, *op.cit. supra* note (83), at 492 参照。

(85) 1877年のドイツ刑事訴訟法典第153条は、「もし犯罪者の有責性が小さく、その行為の結果が些細なものであれば、司法的判断の獲得が公共の利益を有しないという条件で、訴追されない。」と定めている。

(86) KELSEN, GENERAL THEORY OF LAW AND STATE, 391-446 (1949)；また、W. FRIEDMANN, LEGAL THEORY 112-125 (3d ed. 1953) をも参照。

結論：実質的な犯罪定義

検討しなければならない。このことは、人間の犯罪者を取り扱う刑法において特に重要である。もしわれわれが、排他的な形式的観念でもって行為を理解しようとするならば、犯罪行為の実質的内容とは切り離すことのできない人間の人格性の本質的部分を無視するというリスクを冒すことになる。これこそが、われわれがまさしく犯罪概念に侵害要件を含ませなければならない理由である。すなわち、侵害要件が、形式的な法律違反に、その社会的重要性と生命の色を与えることになるのである。

　以上の考察とジェローム・ホールの提案を用いれば、犯罪とは、禁止された侵害を惹起する法律上禁止された行為であり、その違反に対して、犯罪者は、もしメ・ン・ズ・・レ・ア・をもって行為したとすれば刑罰による制裁に服するのである、と定義することができるのである[87]。

---

(87) GENARAL PRINCIPLES 225 n. 47. ホールの定義は、メ・ン・ズ・・レ・ア・の要件を補足することになった。

35

第2章

刑法上の侵害の性質

　第1章の目的は、犯罪概念の内部で侵害要件が占める位置を輪郭づけることだけであった。われわれが到達した結論は、侵害は刑事不法の一部であり、また実際上それは刑事不法の真に実質的な内容である、というものであった。そのようなものとして、侵害は、法律違反と混同されてはならない。法律違反は、刑事不法の形式的違法性にすぎないのである。

　われわれは、特定の犯罪の侵害というよりもむしろ侵害一般の原理を扱っているので、様々な類型の刑法上の侵害のすべて、すなわち謀殺、偽造、もしくは無免許運転といったものすべてを包含するのに十分な広さをもった侵害の要素の定義を求めなければならない。その成果は、順次、侵害の主たる特徴、つまり、刑法上の侵害の全類型に現存していなければならない諸要素を理論的に反映する侵害の定義となるであろう[88]。

　だが、そのように一般的にある提案を見いだすという問題は、とうてい経験的分析だけの問題ではない。確かに、様々な犯罪の侵害を比較し、侵害の諸要素としてすべての犯罪に共通のそれらの要因を設定し、その結果、それらの犯罪の立法目的の理論化ないし一般化に到達することができるであろう。われわれの仕事は、さらに、前立法的なものである。法学は、立法府が作ったものを単に注釈的に解釈することに限定されるのではなく、法および正義の促進のために新たな考案および提案を提供する仕事をも含んでいるので、われわれは、立法者が刑法上の侵害であると考えているものに満足してはならない。むしろ、立法者たちが順次新たな犯罪を定義するときに自らを方向づけするのに用いるかもしれない刑事責任の諸原理を洗練することが、

---

(88) J. HALL, LEGAL CLASSIFICATION, in STUDIES IN JURISPRUDENCE AND CRIMINAL SCIENCE 150（1958）もまた、一定の法的制裁における侵害の記述のほかに、一般的用語と別様に侵害を定義することができるかどうか、懐疑的である。

第 2 章 刑法上の侵害の性質

刑法学の永遠の義務である。この意味において、われわれは、あらゆる類型の刑法上の侵害の基礎とならねばならない主要な諸要素を見つける努力をしているのである。

われわれの研究の第 1 段階は、犯罪の客観的実質的不法としての侵害を犯罪者の主観的人格的不道徳から区別することになるであろう。アメリカ刑法学において見ることができるより重要な客観的侵害理論の概略は、以下のとおりである。そこからわれわれは、刑法上の侵害の性質を確定する試みを進めることにしよう。

(1) 侵害と倫理

人間の任意的行為である犯罪は、いかなる場合も、法律の形式的違反である。これを超えて、犯罪は、外界における有害な変更を惹起するのみならず、犯罪者の主観的人格的不法をも含む。すなわち、犯罪者は、人間であり、それゆえに倫理的人格であるという理由で、同時に彼が拘束されている道徳的価値および格率に対する違反を犯すのである。前章で示されたように、侵害の本質は、法律の形式的違反の中には見いだされないので、侵害は犯罪者の人格的に不道徳な不法の中にあるのか、それとも別に、ある客観的な権利、利益、もしくは外的財の損害の中にあるのかという問題は、いぜんとして残っている。われわれは、犯人の主観的人格的不道徳を侵害の本質とみなそうとする提案を検証しよう。これによって、刑事責任の基礎として、それが、健全なコモン・ローの伝統と調和せず、憲法の精神に矛盾することが明らかとなるであろう。

なるほど、初期の時代の刑法においては、道徳上の責任と刑事上の責任は、当時の制定法の形式および態度によって証明されているように、おそらくはきわめて密接に結び付いていたといえよう[89]。このことは、しかしなが

---

(89) HOLDSWORTH, 2 HISTORY OF ENGLISH LAW 50 (3d ed. 1927).

(1) 侵害と倫理

ら、法と国家の宗教的理解の中にその起源を有するひとつのプロセスにおける中間的状況にすぎなかった。すなわち、それは、当時の教会と国家との間の複雑な関係によって促進されたものであった。国家の独立した世俗的機能がより明確に認識されるにつれ、刑法は、教会の管轄内ではより適切であるとされた道徳的および宗教的生活だけに関連づけられた不法を扱うことから退却したのである。そのとき以来、刑事責任は、原則として、外的侵害 (external injury) に終わる不法に制限されてきた。その結果は、反逆罪 (*crimina laesae maiestatis*) のような第1級のまさに公共犯罪において例証された。これらの公共犯罪は、犯罪者の魂の道徳的平和が乱されたという理由によってではなく、外的な公共の安全と秩序が危殆にさらされたという理由だけで処罰されたのである[90]。

　前述の不法行為に由来する諸犯罪は、刑事制裁が、他者の財産を侵害することによるか他者の名声を危殆化することによる外的状態に対する犯罪者による侵害に左右されていた、という事実のより有力な証左でもある。そのよ

---

[90]　一見して、この言葉は、性的犯罪においてはそれらが本来的に不道徳であるがゆえに被告人は事実の錯誤を理由として免責されることはほとんどないという事実と同様、RICHARD M. HONIG, DAS AMERIKANISCHE STRAFRECHT, in MEZGER-SCHÖNKE-JESCHECK, 4 DAS AUSLÄNDISCHE STRAFRECHT DER GEGENWART 45-46 (1962) によってなされた興味深い批評、すなわち、アメリカの刑法理論および実務は、悪それ自体 (*mala in se*（「善き道徳に対する」犯罪）) と単なる禁止された悪 (*mala prohibita*（国家の利益および社会の福祉に対する犯罪）) との古い区別をいぜんとして維持しているという批評とも矛盾しているように思われる (*op.cit. supra*, at 126-128)。しかし、実際には、これらの奇妙さは、犯罪者の不道徳それ自体は刑事責任の基礎とならないという提案に影響を及ぼさない。というのは、悪それ自体という犯罪概念は、道徳的悪が犯罪者が処罰される唯一の悪であるべきだということを必然的に意味するものではないからである。悪それ自体という犯罪の不道徳性は、それが生み出す外的有害結果とならんで、そのような犯罪の付随的な独自の性格にすぎない。そして、性的犯罪における事実の錯誤に関して言えば、これは、刑事不法の本質とは関係しないメンズ・レアおよび人格的有害性の問題にすぎない。

第 2 章　刑法上の侵害の性質

うなすべてのケースにおいて、犯罪者の側に、主観的な道徳的過ち以上のものがあった。また、被害者に対しても、客観的損害があった。このことは、ホームズ（Holmes）裁判官がすでに示しているように、「不法行為法は道徳的言い回しで充満している」[91]という事実にもかかわらず、真実なのである。

　同じように、侵害（harm）がその行為の不道徳以上のものを構成しなければならないということは、国家の憲法上の地位からも明らかである。国家は、道徳主義的公共団体ではなく、その国民を彼らの諸々の権利および利益に対する不法な侵害から守るものであるから、もし政府が国家の目的を国民の生命、自由あるいは財産利益に限定する以上にその国民の内面的誤りを正そうと試みるならば、国家の権限の生得の限界を破ることになるであろう。このような理由から、外的侵害というよりはむしろ人格的不法である単なる法の不服従は、国民を刑事制裁に服せしめるのに十分正当化力のあるものとはいえないであろう。国家が国民の道徳生活に関わりあうことを防止するこの原理は、ケネディー事件（*Commonwealth v. Kennedy*）におけるホームズ裁判官の有名な言葉によって、簡潔だが正確に表現された。すなわち、「法の目的は、道徳上の罪（sin）を罰することではなく、一定の外的結果を防止することである。」[92]と。類似の見解は、グランヴィル・ウィリアムズ（Glanville Williams）によっても述べられた。すなわち、「刑法は、一般に、社会にとって有害な行為を鎮圧することに関係している。」[93]と。マイケルとウェクスラー（Michael & Wechsler）[94]が、刑法の目的は社会的に望まれない行為を抑制することである、なぜなら、刑法の目的のまさに目的は「共通善（common good）を促進すること」だからである、と宣言したとき、それは、

---

(91)　HOLMES, THE COMMON LAW 79 ; また、Morris R. Cohen, *On Absolutism in Legal Thought*, 84 U. PA. L. REV. 681, 687-87（1936）をも参照。
(92)　170 Mass. 18 20, 48 N. E. 770（1897）.
(93)　WILLIAMS, CRIMINAL LAW, THE GENERAL PART 17（2d ed. 1961）.
(94)　MICHAEL & WECHSLER, CRIMINAL LAW AND ITS ADMINISTRATION 9-10（1940）.

(1) 侵害と倫理

強調点が若干異なっているにすぎないものであった。模範刑法典（The Model Penal Code）もまた、刑法の目的は、「正当化できない程に免責できない程に個人および公共の利益に対して侵害を与え、もしくは実質的侵害の危険をもたらす」行為を禁止することおよび防止することである、と表現している[95]。多くの類似の言葉が、ここに加えられるであろう[96]。すべての見解が支持する基本原理は、刑法上の侵害の真の内容となるのは犯罪者の主観的倫理的不道徳ではなく、客観的利益および価値に対してなされた損害である、ということである。このように理解すると、侵害要件は、正確には、もし適切に用いるとすれば、国家が純粋に不道徳な不法を処罰することを抑制する原理である。

この点についての諸見解の完全な像を確認するため、われわれは、客観的侵害というわれわれの要求と一致しない数多くの刑法理論があることも記しておかなければならない[97]。ここで言及するのは、この技術時代の公共道徳の社会学的基礎における基本的諸変化を十分には考慮していないホールのいわゆる道徳主義的メンズ・レア概念についてではない[98]。むしろ、ホール自身がしばしば述べているように、メンズ・レアは、「道徳的判断の窮極的総

---

(95) MODEL PENAL CODE § 1.02 (Tent. Draft No. 2, 1954).
(96) CLARK & MARSHALL, ON THE LAW OF CRIMES 81 (6th rev. ed. Wingersky 1958) 参照。刑法は、ある人の行為が不道徳なるがゆえにのみ彼の行為について彼を処罰するのではない。これ以上の何か、例えば、公然の不道徳とか猥褻といったものがなければならない。倫理的価値と法律一般の関係に関するきわめて興味深いシンポジウムが、12 OHIO ST. L. J. 1-68 (1951)：*Ethical Values and the Law in Action* に公刊されており、コーエン（Cohen）、ブラウン（Brown）、ハートマン（Hartman）、ジェンキンス（Jenkins）、およびスミス（Smith）が寄稿している。また、Paul D. Carrington, *The Moral Quality of the Criminal Law*, 54 NW. U. L. REV. 575 (1959) をも参照。
(97) Cowan, *A Critique of the Moralistic Conception of Criminal Law*, 97 U. PA. L. REV. 502 (1948/49)は、刑事責任は犯罪者の道徳的意識に基づいており、かつメンズ・レアは邪悪なあるいは良心なき行動とみなさなければならない、というホールの提案を鋭くも批判する。

第2章　刑法上の侵害の性質

括」であるけれども[99]、刑事責任の唯一の基礎ではない。侵害は、メ・ン・ズ・・レ・ア・と同じくらい重要である。それ以上に、メ・ン・ズ・・レ・ア・の道徳的判断は、ある主観的な倫理的コードの表現ではなく、「数多くの社会的侵害の任意的（故意または重大な過失による）遂行の禁止の中に表現された」ものとしてのコードである[100]。

しかしながら、まったく正反対の見解は、いわゆる目・的・的・行・為・論・（finale Handlungslehre）の創始者であるハンス・ヴェルツェル（Hans Welzel）によって唱えられている。ヴェルツェルにとって、刑法の一次的機能は、基本的な社会倫理的行為価値の上昇であり、そして様々な法的諸利益の保護は、二次的なものにすぎない[101]。その論理的帰結は、刑事不法は人格的有害性（personal disutility）、すなわち、一定の法益侵害にあると言われること、しかも人格的不法を補うものであるかぎりで重要であるにすぎない、ということである。これが意味するところは、客観的侵害はその行為の人格的有害性に影響を与えることがなければ、それゆえ刑事不法の本質に影響を与えることがなければ、存在しえない、ということである[102]。

このことは、実際のところ、それ自体共通善の保護よりもその国民の道徳性により関連する刑法へと向かうきわめて危険な傾向を示している。ヴェルツェルは、確かに、国民が道徳的に安定していれば利益はもっともよく保護されるということを理由づけた点で正当である。しかしながら、社会的侵害（social harm）を一定の道徳的基準を維持することによって防止すべきかど

---

(98)　これらの変化に直面しても、（行為の悪しき性質の認識を要求する）文化的刑法に関するメンズ・レアの内部と（違法性の認識を要求する）規制的刑法に関するメンズ・レアの内容を区別しようとするO・W・ミューラーの提案は、唯一論理的な解決策である。Mueller, *On Common Law Mens Rea*, 42 MINN. L. REV. 1043, 1057-61, 1066 (1958) 参照。

(99)　GENARAL PRINCIPLES 146.

(100)　*Ibid.*；また、*id.* at 104 をも参照。

(101)　WELZEL, DAS DEUTSCHE STRAFRECHT 4 (8th ed. 1963).

(102)　*Id.* at 56-57.

(1) 侵害と倫理

うかという問題は、単に効率の問題ではない。それは、道徳的自由に対する憲法上の関心をも含んでいるのである。国民の良心の自由に対する権利は、その国民の道徳を政府が指示することを率直に禁止しているのである。

このような理由あるいはそれ以外の理由から、ヴェルツェルの理論は、あまり追随者がいない[103]。その反対に、彼の考えは、トーマス・ヴュルテンベルガー (Thomas Würtenberger) によって激しく攻撃されている[104]。ラインハルト・マウラッハ (Reinhart Maurach) のように、ヴェルツェルの目的的行為論の熱烈な支持者ですら、客観的な諸々の利益および価値に対する侵害よりもむしろ行為の人格的有害性を刑事不法の基体とするヴェルツェルの考えを是認してはいない[105]。

人格的不法の問題と関連して、われわれは、いわゆる主観的違法要素 (subjective elements of unlawfulness) という新奇な提案についても簡単にコメントしておくべきであろう。ミューラーは、コモン・ローのメンズ・レアに関する研究において、いくつかの場合に、法律はメンズ・レアの通常の要件を超えた一定の精神状態を要求していることを認めた。かくして、不法目的侵入 (burglary) について言えば、不法目的侵入犯がメンズ・レアをもって押し入ることでは十分ではない。つまり、不法目的侵入犯はまた、その建物において重罪 (felony) を犯す意図をもってそうしなければならないのである[106]。それ以外の犯罪群においては、行為それ自体は、まったくどうでも

---

(103) ヴェルツェルの見解が最近、Günter Stratenwerth, *Handlungs- und Erfolgsunrecht im Strafrecht*, 79 SCHWEIZERISCHE ZEITSCHRIFT FÜR STRAFRECHT 223, 237-250 (1960) によって支持されたとする議論は、シュトラーテンヴェルトが一方的な方法で刑事不法の問題を犯罪者の地位からのみ考察し、それゆえ違法な行為が生み出す客観的結果を無視しているがゆえに、説得力がない。
(104) WÜRTENBERGER, DIE GEISTIGE SITUATION DER DEUTSCHEN STRAF-RECHTSWISSENSCHAFT 47-66 (1957).
(105) MAURACH, 179-180-, 223.
(106) Mueller, *supra* note 98, at 1061-62.

第2章　刑法上の侵害の性質

よい。もし、その行為が一定の精神状態で犯されさえすれば、その行為は犯罪となるのである。例えば、ある男性がある女性をある州から他の州へ連れ出すことは、完全に適法であるが、もし彼が「他の何らかの不道徳な目的で」そうするならば、彼自身が刑事責任を負う[107]。ミューラーは、その特別な意図——その意図でその行為が実行されなければならないのだが——を、「付随的メンズ・レア（additional mens rea）」と呼んでいる。特別な悪しき精神構造が刑事責任の現実的構成要素である諸ケースにおいては、彼は、「独立したメンズ・レア（independent mens rea）について論じている。

ドイツ刑法理論も、同様の諸問題によって悩まされた。ミューラーは、これらの特別な精神状態をメンズ・レアの特殊形態と呼んだが、ドイツの学説は、それらを犯罪のアクトゥス・レウス（actus reus）の部分へとシフトした。ドイツの理論は、それらは不法の本質に影響を及ぼすものである、としたのである。ドイツの理論は、それらを主観的不法要素（subjektive Unrechtsmerkmale）と呼んだのである[108]。

われわれは、いずれの立場が正確であるかを決定する必要はない。両方とも、特に独立したメンズ・レアの諸ケースにおいて、困難を抱えている。そのとき問題となるのは、刑事責任がなお客観的侵害に基づいているかどうか、である。独立したメンズ・レアが要件となる諸ケースにおいて犯罪者が客観的侵害のゆえに処罰されるのではなく彼の誤った精神状態のゆえに処罰されるという事実に基づいたミューラーの見解に対しては、おそらく異議を

---

(107) *Id.* at 1064.
(108) これらの要素が人格的な有責性よりもむしろ違法性の要素とみなされるには、長い時間がかかった。チェックポイントは、禁止された精神構造の存在によってのみ、禁止された不法が犯されうる、ということである。かくして、主観的な精神状態は、外的に示された行為が違法と考えられるか否かを決定するにあたり、結局のところ、決定的なものとなる。より詳細については、MAURACH, 179 およびとりわけエベルハルト・シュミットホイザー（EB. SCHMIDHÄUSER）による研究論文 GESINNUNGSMERKMALE IM STRAFRECHT（1958）参照。

(1) 侵害と倫理

唱えることができるであろう。ドイツの解釈を用いれば、主観的違法要素の観念でもって、侵害の要件は一定の主観的倫理的不法の推定によって取って代わられるのかどうか、不思議に思われるかもしれない。主観的違法要素を含む状況において、可罰性が一定の精神状態に左右されるとしても、実際にそのようなことはない。その精神状態は、責任の真の基礎とは決して考えることができない。その特殊な精神の枠組みは、むしろ、有害な行為を無害な行為から選別し分離するそのフィルター ―― これがなければ、有害な行為を無害な行為から区別することはできない ―― である。このことから、主観的違法要素は、それがなければ無害な行為の存在根拠（*ratio essendi*）ではなく認識根拠（*ratio cognoscendi*）にすぎない。ミューラーは、「その行為を違法たらしめているものは、特殊な悪しき意図を持った人々による社会的に有害な諸目的のための認識されたその濫用である。」[109]と述べている。

　以上の検討から導かれる結論は、刑事不法は全体として3とおりの現象がある、ということである。形式的法律違反、行為の人格的倫理的無価値、そして一定の外的客体への有害な干渉 ―― その性質については決定を留保しておく ―― である。客観的不法は、その行為の人格的有害性によって影響を受けるかもしれない（犯罪の定義が主観的違法要素を含む場合のように）が、刑事不法の本質、すなわち、法が防止しようとしている侵害は、その犯罪の有害な作用の中に見いだされなければならず、犯罪者の道徳的誤りの中に見いだされてはならない。

　以上の分析から、侵害の消極的記述がわれわれに与えられる。すなわち、

---

(109) Mueller, *supra* note (98), at 1064 ―― ドイツの学説の立論も、類似している。ザックス（Sax）教授 GRUNDSÄTZE DER STRAFRECHTSPFLEGE, in BETTERMANN-NIPPERDEY-SCHEUNER, 3(2) DIE GRUNDRECHTE 941 (1959) は、次のように考えている。すなわち、立法者は、非合法な生活形態を禁止するためにそのような人格的な精神の特性を用いるのでなく、法益のこうした非合法な侵犯を彼の掌中に置くためにこれを用いるのである、と。主観的な法定要素は、かくして、客観的侵害にある不法を特徴づけるにすぎない。

第2章　刑法上の侵害の性質

侵害の実質的内容は、法律違反でもなく、またその行為の人格的有害性でもない、と。今やわれわれは、侵害の積極的な確定に取りかかることができる。この問題に関してすでに明らかにされているものを知ることは有益なように思われるので、われわれは、侵害についてのきわめて卓越したアメリカの諸見解を概観する研究を開始することとしたい。

(2)　アメリカの侵害理論の概観

前述のように、侵害を定義づけようとのアメリカ人によってなされた諸々の努力は、比較的最近のことである。刑法の一般的原理の叙述に関連して侵害の十分にして包括的な解釈を試みようとした最初の学者は、ジェローム・ホール教授であったように思われる[110]。主たる重要な発見は、侵害とはもっぱら事実の問題かそれとも規範的評価だけの問題か、というものではなく、両者の結合体である、という事実を彼が承認したことである。われわれは、本稿を通じて、ホールのこの学説および他の学説を考察することにするが、現時点ではホールの侵害理論の主な特徴を跡づけることで足りる。

まず、侵害の観念を犯罪における類似の諸現象から区別するというのがホールの努力である。かくして、ホールは、適切にも、禁止されたいっさいの行為もしくは行動がもたらす外的作用と侵害とを同視するのは誤りだ、と警告する[111]。他方、彼は、形式主義的な誤った概念に比較して、犯罪の実質的な性質を強調している。すなわち、「強取されたり殺害されたりすることに関して、形式的なものは何もない。」[112]と。しかしながら、通常の伝統的な犯罪の可視的な損害にもっともよく当てはまるこの言葉は、外的損害がもはや目につかない程度にまで犯罪がしばしば変質している新たな事実状況に適合されなければならない。この考えを考慮して、ホールは、名誉毀損、

(110) HALL, GENERAL PRINCIPLES 212-246 ; STUDIES IN JURISPRUDENCE AND CRIMININAL SCIENCE 143-157, 200-214, 235-252 ; CASES IN CRIMINAL LAW AND PROCEDURES 45 (1949) 参照。

(2) アメリカの侵害理論の概観

偽証、および誘拐といったような多くの犯罪においては、侵害が確実に加えられているけれども物理的な損害は可視的でないという理由から、刑法上の損害を物理的な損害以上のものとみなしている。それゆえ、侵害の観念は、触知可能なもの（tangibles）から触知不可能なもの（intangibles）へ、つまり純粋に有形的な客体から無形的な諸々の利益および価値へと拡張されるのである。かくして、ホールにとって侵害とは、「否定、無価値、自然的条件の欠如等」[113]であり、あるいは、「侵害とは、制度、公共の安全、女性の自律、名声等に対する侵害のように触知不可能な用語で述べられなければならない。要するに、侵害は、価値の喪失を意味する」[114]。

かくして、ホールの提案は、2つの重要な新味を提唱しているのである。第1に、侵害の観念をあらゆる種類の犯罪に適合しうるものとみなそうとする努力である。そして第2に、必然的結果として、無形的な諸々の利益および価値の概念に向けての侵害の抽象化である。その他に、第3の点を書き留めることができる。ホールにとって、「価値もしくは無価値の場所は、事物

---

(111) GENERAL PRINCIPLES 214. ホール自身がつねに自己自身の警告に注意を払っているかどうかは、別の問題である。ホーニッヒが述べたように、ホールは、侵害の観念を、法律が保護しようと求めている客体に限定するよりもむしろ、犯罪者の行為の物理的客体にも適用しているように思われる (Richard M. Honig, *Criminal Law Systematized*, 54 J. CRIM. L., C. & P. S. 276 (1963); および in DAS STRAFRECHT, in MEZGER-SCHÖNKE-JESCHECK, 4 DAS AUSLÄNDISCHE STRAFRECHT DER GEGENWART 47-48 (1962) 参照)。しかし、おそらくはあまりに形式主義的なホーニッヒの法益の理解（後出・第3章参照）に関しては、次のことを心に留めておくべきである。すなわち、われわれの意見では、侵害は、一定の物理的客体に対する損害にも存しうるのであって、単に精神的に想像された立法目的への干渉にのみ存するわけではない、と。この点についてのこれ以上のことは、第3章において扱う。

(112) GENERAL PRINCIPLES 215.

(113) *Ibid*.

(114) *Id.* at 217. また、HALL, *op.cit. supra* note 110, at 45 (CASES) をも参照。「侵害は、完全にか部分的にか破壊されてしまった諸々の利益および価値を含む。」としている。

第 2 章　刑法上の侵害の性質

それ自体の中に単にあるのではなく、人々によるその知覚作用（perception）に左右される」[115]ので、侵害は、必然的に、犯罪の客体とその社会的評価との間の規範的関係の推定を意味する。それらの規範的・経験的要素に照らしてみると、刑法上の侵害は、「事実、価値判断、および人格相互の関係の複合体」とみなされる[116]。

それでもやはり、ホールの侵害の観念——それは実際上すでにそのもっとも基本的な諸要素を示している——を評価するにあたり、われわれは、ホールが侵害の社会的・法的評価の規範的側面に関するもの以上のものを言っていないことを残念に思う。このことは、侵害の事実的基礎とその法的評価および性質との間のきわめて重要な結節点であり、また、ホールの概念上の枠組を全体として考慮すると、ホールはおそらく侵害の観念論的性質を強調しすぎているとの印象が与えられる。最後に、ホールが刑法上の侵害の社会的意味合いを論じる場合、彼は刑事不法の倫理的理解を念頭に置いているように思われる[117]。かくして、要するに、ホールは、刑法上の侵害の無形性を説く代表的人物として特徴づけることができるのである。

ホールの提案は、侵害を 3 つのレベルの抽象的観念において区別するミューラーによって推進され、かつ洗練された[118]。

　a．一般的意味においては、あらゆる犯罪は、法律違反、法に対する不服

---

(115)　*Ibid.* HAROLD LEE, METHODOLOGY OF VALUE THEORY, in : VALUE-A COOPERATIVE INQUIRY 154 (Lepley ed. 1949) を引合いに出しつつ、ホールは、価値を、「ある客体への関心を私にもたらす客体のその側面」と定義している。GENERAL PRINCIPLES 217 n. 15.

(116)　*Ibid.*

(117)　*Id.* at 240-246, とりわけ at 242 では、ホールは、次のような提案をしている。すなわち、ある人に対する現実的損害をほとんど決まって含む不法行為とは異なり、犯罪は、現実的損害が必ずしも本質的でない社会的侵害を意味する。ホールは、この社会的侵害を「行為者の道徳的有責性」によって本質的に決定づけられるものとみている。

(118)　Mueller, *Criminal Theory : An Appraisal of Jerome Hall's Studies in Jurisprudence and Criminal Theory*, 34 IND. L. J. 206, 220 (1959).

(2) アメリカの侵害理論の概観

従、主権者の蔑視を通じた侵害を含んでいる。これは、われわれが先に犯罪の形式的違法性と呼んだものである。

　b．中間のレベルでは、犯罪の定義、もしくは犯罪が列挙されている法典のコンテキストから区別されるような、法的に保護された利益に対する侵害である。ここで、われわれは、生命、財産、名声等に対する危害のような大まかに定義された侵害を見いだす。ミューラーが他の機会に論証しているように、これは、「骨が砕かれていない、金属が曲がっていない、あるいは木が焦れていない場合ですら」、すべての犯罪においてつねに存在する侵害である[119]。

　c．以上の一般的実質的侵害に加えて、多くの犯罪は、付随的問題 ―― 刑法上の規定が役立つべく意図されている特別な目的に対する侵害 ―― を含んでいる。このことは、ほとんどの犯罪定義がその一般的目的を超えて一定の特別な諸利益を保護したり特別な方法でそれらの一般的諸目的を保護すべく予定されてもいるという事実から理解される。例えば、・フ・ォ・ン・・・ロ・ー・ゼ・ン・事・件（*People v. Von Rosen*）[120]は、アメリカ合衆国の国旗の冒涜を処罰する制定法を取り扱うものであった。国家の象徴の保持は、一般的目的であった。特別な目的は、国旗の冒涜によって招来される公共の平穏の動揺を回避することにあった[121]。

　ホールが侵害の社会的側面を考慮しつつ論じたのに対して、ミューラーは、特殊な侵害の犠牲者に関する興味深い観察を行った。第3の侵害類型だけが、特別な個人に注意を向けている、と言われている。第2の侵害類型

---

(119)　Mueller, *Victims of Criminal Violence*, 8 J. PUB. L. 218, 233 (1959).
(120)　13 Ill. 2d 63, 147 N. E. 2d 327 (1958).
(121)　もうひとつの例は、他者の財産利益を保護するのみならず「彼が自己自身で選択するときに自己のものを取り引きする……自由」をも保護する詐欺窃盗罪（larceny by false pretenses）の例である。Snyder, 24 BROOKLYN L. REV. 34, 48 (1958) は、United States v. Rubinstein, 7 U. S. C. M. A. 523, 22 C. M. R. 313 (1957) について論評を加えている。

第 2 章　刑法上の侵害の性質

は、その喪失の現実的被害者の状況と類似の状況の中で見いだされる犠牲者群に言及している。そのような犠牲者群のメンバーは、象徴的喪失しか被っていない[122]。この結論の一般的有効性は疑わしいけれども[123]、それは、まさに、刑法上の侵害の社会的重要性を強調しているにすぎない。特殊な侵害の個々の犠牲者は、決して 1 人だけ被害を被っているわけではない。むしろ、承認されているすべての権利および利益の保護に関心を抱いている公衆一般が、個人とともに被害を受けているのである。

　ホールが想定しているように、もし侵害が諸々の価値および利益を含むならば、これらの価値がどのように考えられなければならず、それらの性質および構造がどのように理解されるべきかを知ることは、重要と思われる。「価値」と「利益」は、まったく異なった意味で理解することができる。この考えは、おそらく、ホールおよびミューラーのどちらかといえば観念論的な法益観念を、それと基本的に異なるビュ－テル（Beutel）の「経験法学（experimental jurisprudence）」のアプローチと対比させることによって、もっともよく証明されるであろう[124]。ビューテルは、刑法の対象となりうる価値もしくはその他の理論的諸概念のいっさいの哲学的理解を拒否する[125]。過度なプラグマティックな態度で、彼は、「利益」という言葉を、理論的および倫理的思惟の目的のために哲学者や法学者によって濫用されるものとして非難するのである。その代わりに、彼は、「利益」は実際上「個人もしくは社会が法の支配を創造するにあたり活動しはじめもしくは活動しは

---

(122)　*Supra* note (119), at 221 をローマ法系刑法とゲルマン法系刑法に関する諸々の有益な歴史的観察と比較せよ。

(123)　特殊な侵害が公共の平穏の妨害の中にあるとされる国旗の冒涜のケースでは、個人よりもむしろ公衆一般がその特殊な侵害の被害者とはいえないのではないのか。

(124)　FREDERICK K. BEUTEL, SOME POTENTIALITIES OF EXPERIMENTAL JURISPRUDENCE AS A NEW BRANCH OF SOCIAL SCIENCE (1957). 彼は、CAVERS, 10 J. LEGAL ED. 162 (1957) によって、まさに消極的に再評価された。

(125)　*Id.* at 37-43.

(2) アメリカの侵害理論の概観

じめるべきときの個人または社会の現実の諸々の欲求」と一致すべきである、ということを要求する[126]。そのように理解されたこれらの利益は、その後、ビューテルによって、要求（demands）、願望（desires）、および必要性（needs）という3つに分類されている[127]。

　ビューテルの極端な自然主義的アプローチは、法的に保護された諸価値の事実上の基礎を決定するにあたり、きわめて重要な側面を内包している。しかしながら、全体として考えると、ビューテルの法益の観念は、完全に社会学的なそれであり、またそういうものとして、ホールが侵害によって暗示される諸々の価値および利益であると理解しているものとまさに正反対のものなのである。ホールがそれらの価値および利益を理念的高さにまで高めているのに対して、ビューテルは、それらをより現実的な評価へと限定する。ビューテルは、それによって、要求、願望、および必要性は、たとえ社会学的に基礎づけられたとしても、法的に重要であり刑法典によって保護されるためには、なお法的評価と承認を必要とする、という事実を見落としているのである。

　中間的立場は、スナイダー教授によって支持されている。残念なことに、刑法理論へのスナイダーの寄与[128]は十分に認められていない。彼は、刑法上の侵害が生じる様々な形態を詳細に調べたばかりか[129]、侵害要件が犯罪

---

(126)　*Id.* at 44.
(127)　ビューテルが彼の言葉で何を説いているかを明確にするため、ここに彼の説明（at 44-45）を挙げておく。「『要求』とは、客観的に述べられてもよいような方法で表明される欲望である。『願望』とは、個人もしくはグループが主観的に欲し、切望し、あるいは促されれば主張するであろう事柄についての人間の関心である。『必要性』とは、もし現在して有効であれば、個人もしくは社会が最小限の摩擦だけで、そしてそれ以上にその時点での彼もしくは社会の世界の自然的秩序と一致して機能することを可能にするであろうところの、社会の一般的状態におけるそれらの条件または事柄である」。
(128)　SNYDER, PREFACE TO JURISPRUDENCE (1954); AN INTRODUCTION TO CRIMINAL JUSTICE (1953); *False Pretenses—Harm to Person from Whom Thing Obtained*, 24 BROOKLYN L. REV. 34 (1957/58).

第2章　刑法上の侵害の性質

の実質的本質的部分であると確信している、とも告白した[130]。同様に、彼は、侵害は事実であり、それどころか事実でなければならないことをあきることなく強調する。彼にとって、これは、デュー・プロセス条項に基づく憲法上の要件である。このルールの意味および目的によれば、何人も、有害な行為を除いて、法的制裁の賦課により生命、自由、もしくは財産を奪われない[131]。それゆえに、刑法上の侵害は、単に「仮定としての」侵害の理論的要素であるばかりか[132]、現実的なものでなければならないし、あるいは一定の犯罪においては、少なくとも潜在的に現存するものでなければならない。かくして、「侵害は、一定の人間の行動の不変的特徴でもなければ、権力者の命令の不遵守から演繹されるものでもなく、ひとつの事実なのである」[133]。

　スナイダーの侵害要件は、彼が侵害の事実的側面の意義を強調しているかぎりで、一歩前進している。彼もまた、法益の規範的意味合いを承認するけれども、それにもかかわらず、侵害がおそらくは知的にはなお想像しうるが事実上は知覚できないような精神的カテゴリーに格下げされることになる概念を回避しているのである。その他の点でも、いくつかの問題が同様に留保されている。とりわけ、一方でのホールの価値概念と他方でのビューテルのプラブマティックな社会学的立場との間には、不一致がある。ともに取り上げられた両側面が刑法上の侵害の本質となることは、証明可能である。

(3) 侵害概念の焦点としての「法益」

前節で見てきたように、ホールは、侵害を、全面的にかもしくは部分的に

---

(129)　*Id*. at 114-115 (INTRODUCTION).
(130)　SNYDER, *op.cit. supra* note (128), at 521-24 (PREFACE); *Id*. at 759-64.
(131)　*Id*. at 520 (PREFACE).
(132)　*Op.cit supra* note (129), at 763.
(133)　*Op.cit supra* note (131), at 523; 24 BROOKLYN L. REV. 34, 37.

(3) 侵害概念の焦点としての「法益」

破壊された諸々の利益ないし価値を含意するものとして特徴づけている[134]。この言葉の中で重要な語は、「含意すること (implying)」である。それは、侵害の分析のためのもっとも重要な現象、すなわち、侵害は否定的概念——何らかの善きものの破壊もしくは何らかの悪しきものの創造——にすぎないという事実の承認を意味する。「侵害」は、それ自体、明確な意味を有するわけではない。侵害について論じるとき、必然的に問題が生じる——何に対する侵害か、と。「侵害」は、一定の違法な行為の結果となる一定の損害が加えられたことを示す。それゆえ、侵害の性質を求めることは、実際上は、侵害されうる客体を確認することを意味する。換言すれば、われわれは、われわれが刑法上の侵害の結果をもたらすと考えている行為によって害されるものは何かを厳密に検討しなければならないのである。

われわれは、この問題に対する最終的解答を未だ呈示することはできないけれども、さらなる議論のための用語を選ぶことは、方法論的に必要と思われる。結論を先取りすれば、われわれは、「法的に承認された利益」あるいはより簡潔に「法益 (legal interest)」という語によって刑法上の侵害の客体をもっともよく記述することができる。その利益は、憲法秩序によって承認されているのみならず（実際上、それがまさにいっさいの犯罪行為の客体なのだが）、専門用語に関しては、「法益 (legal interest)」という言葉こそが、刑法上の侵害の本質および範囲を示すのにもっとも適切なもののように思われる。一方で、法益の意味は、それらが有体的な財であれ無形の価値であれ、犯罪行為のすべての潜在的客体を包摂するにはあまりにも広汎であるし、また逆に、「社会的に危険な行為」というような社会主義法体系の用語の曖昧さと不確定さを回避するには、あまりにも限定的である。したがって、他のいかなる用語よりも「法益」という用語を選ぶことによって、われわれは、ホールの法益および法的価値の概念に近づくことになる。さらに、われわれは、ヨーロッパ大陸の理論が「interest」を「good」（ドイツ、スイス、そし

---

(134) *Op.cit supra* note (110), at 45 (CASES).

第2章　刑法上の侵害の性質

てオーストリアでは「*Rechtsgut*」と呼ばれる）もしくは「value」（フランスやイタリアでは「*valeur legal, valore legale*」と呼ばれる）に置き換えているけれども、その理論に賛同する。すべては、本質的に同じこと —— 法的に承認された利益 —— を意味する。

　一方での権力主義的犯罪観、そして他方での憲法上の諸原理に基づいた刑法体系、これらは、あらゆる種類の社会的損害を防止することに対する社会のときおり過大な利益に対して個人の自由がどの程度保護されているかという点で、本質的に異なる。社会主義国では、社会主義秩序という至福がすべての公的および私的活動の主目的であり、こうした社会主義国のようなイデオロギー体系においては、刑法上の侵害の無制限の概念は、明確ないし限定的な概念というよりはむしろ実践的概念であるということ、このことだけは論理必然的なものである。もし、全能の国家がいっさいの社会的損害を訴追することができ、いっさいの社会的に危険な行為を処罰することができるとすれば、さらに、もし、政府が社会的に危険と思うものを自由に決定することができるとすれば、個人は、完全に公権力のなすがままである。それから、支配階級の利益と一致しないいっさいの行為を社会的に危険なものとして宣言することが可能になる。個人の利益が政府もしくは社会の支配的グループの利益と相容れないと思われる場合、開かれた曖昧な侵害概念は、私的な行為が国家の利益が一致せずそれゆえ社会的に危険であるという理由で、それを容易に不法なものにしてしまうであろう。

　ヴュルツブルク大学で行われた注目すべき演説において、イタリアの刑法学者ジュゼッペ・ベッティオル（Giuseppe Bettiol）は、社会主義の侵害概念によって個人の自由が相当程度脅かされることを印象的に証明した[135]。刑法上の侵害の内容が法益の不安定な「歴史的条件」に依拠している体系では[136]、刑法上の侵害は、必然的にすべての厳格な意味を失う。そのような

---

(135) *Das Problem des Rechtsguts in der Gegenwart* と題するこの講演は、後に、ドイツにおいて、72 ZEITSCHRIFT FÜR DIE GESAMTE STRAFRECHTSWISSEN-SCHAFT 276 (1960) で公刊された。

(3) 侵害概念の焦点としての「法益」

体系においては、「法益 (Rechtsgut)」という用語の形式的維持ですら、それが社会的危険性という観念によって麻痺させられるがゆえに、あまり意味を持たない。このような解釈においては、それは、単に社会主義社会のつかの間の利益を表現するという目的論的政治機能しか持たず、個人の活動の自由に対する保障は、何ら残されていない[137]。これとは反対に、本稿で理解されているような、法的に限定された利益の概念は、いぜんとして権力者の濫用に対する国民の最善の防護柵となる。ベッティオルが、法益、すなわち、法的に限定された利益の概念を、犯罪概念の基本的土台とみなしたのは、この意味においてであった。というのは、一方で、それは、社会および個人の価値ならびに利益の保護のための十分な基礎であり、また他方で、個人の自由と人格の保護のための最善の保障だからである[138]。

これこそは、正確には、憲法上の諸原理および法的保護を信じている社会が法益という概念および用語を社会的損害だとか社会的危険性といったいっさいの提案に優先している理由にほかならない。法的に限定され承認された社会および個人の利益だけが、刑法上の保護に値するのである[139]。

---

(136) 東ドイツの社会主義者レンネベルクの見解 (RENNEBERG, DIE OBJEKTIVE SEITE DES VERBRECHENS 20 (1955)) は、このようである。
(137) Bettiol, *supra* note (135), at 283 参照。
(138) *Id.* at 285.
(139) 法益の憲法上の基礎に関するより詳細については、後出・第3章参照。

第3章

法益の構造

(1) 法益一般の二元的構造 —— 社会学的基体と価値の側面

　一見すると、一方でのホールとミューラーの提言と他方でのビューテルの提言は、完全に矛盾するように思われる。ホールは、侵害の価値的性格を強調し、侵害を、現実に知覚可能な具体的財の破壊というよりはむしろ観念的価値の否定とみなす。ビューテルは、社会の社会学的欲求および要求しか見ないため、社会的もしくは個人的利益はそれが要求されているというだけでは法的保護に値しないという事実を完全に見落としている。さらにまた、これらの利益は、それが刑法上の保護を獲得するために、法的観点から、すなわち法的評価によって刑法上の保護に値するものでなければならないということを意味する法律上の価値の側面をも有していなければならないのである。

　以上のホールとビューテルの正反対の立場の簡潔な概観からわれわれが引き出さなければならない結論は、そのいずれも、われわれが求めている法益の幅広い提案を与えてくれるものではない、ということである。前者は、刑法上の侵害の事実的内容を観念的価値を一般化する理解へと弱める危険性があるのに対して、後者は、さもなくば純粋に社会学的な必要性と欲求とを法律的および憲法的秩序へと統合し、かくして法益として承認を受けるまさに価値との結び付きを見落としているのである。それゆえ、その解答は、価値的側面と社会学的基体の両方の統合された結合の中にあるよう思われ、それぞれが法益の構成部分を表しているように思われる。

　法律上の問題を論争の多い哲学上の見解という不安定な舞台へと移すことから、いくつかのめんどうな問題が生じる。実際上、われわれは、すでに現

57

第3章 法益の構造

存している数多くの価値の体系や理論のいずれにも頼るつもりはない[140]。むしろ、われわれは、ある哲学上の区別、ほとんど一般的に承認されている哲学上の区別を用いるつもりである。すなわち、それは、価値の質（*value quality*）、換言すれば価値それ自体と価値の基体（*value substratum*）もしくは価値の担い手、換言すればその価値が依拠する事実的客体との区別である[141]。

哲学的専門用語において、価値の基本は評価されなければならない。価値の基本は、人間の身体、生命、金銭および家屋といったような物理的要素である様々な客体に関係するかもしれないし、あるいはそれは、本人と代理人との親密な関係、顧客の誠実さに基づいた店主の利益を見込んだ期待、行政の効率、あるいは経済的秩序の統一性といったような一定の関係および事実の組合せから成るかもしれない[142]。

他方、価値の質は、価値の基体を重要たらしめるものである。ニコライ・ハルトマン（Nicolai Hartmann）の言葉によれば、価値とは、「それを通して事物が有価値（valuable）となるところのもの」[143]である。哲学上の理解によれば、価値の質とは、真の価値のことである。そういうものとして、価値の質は、プラトンの「イデア」[144]に比肩しうる独立した存在の観念的実体として理解されるものでもなければ、人間社会によって有価値なものと認めら

---

(140) 簡潔な概観として、HALL, GENERAL PRINCIPLES 215 および POUND, OUTLINES OF LECTURES ON JURISPRUDENCE 79 (4th ed. 1928) 参照。

(141) 以下については、NICOLAI HARTMANN, 1 ETHICS, ch. XIV (Stanton transl. 1950) ; Harold Lee, *Methodology of Value Theory*, in : VALUE-A COOPERATIVE INQUIRY, at 147-166 (Lepley ed. 1949) ; HEINRICH RICKERT, A SYSTEM DER PHILOSOPHIE 96 *et* (1921) 以下参照。

(142) VITAL SCHWANDER, DAS SCHWEIZERISCHE STRAFGESETZBUCH 62 (1952) 参照。法的に保護されるべき利益は、「個人もしくは一群の人々にとって物質的または観念的に価値のある何らかの物、状況あるいはその他の条件」であろう、とする。同旨、HANS WELZEL, DAS DEUTSCHE STRAFRECHT 4 (8th ed. 1963).

(143) HARTMANN, *op.cit. supra* note (141), at 186.

(1) 法益一般の二元的構造 ―― 社会学的基体と価値の側面

れた知的存在をもったものとして考えられるものでもない。リー (Lee) の言葉によれば、「事物への関心をもたらす事物のその側面が、事物の価値である」[145]。この意味において、価値の質は、それと一致する事物または事実状態を創造することによるか、あるいはそれにとって有害となる害悪を防ぐことにより、実現するに値する目的と考えられる。デューイ (Dewey)[146]とパウンド (Pound)[147]のプラグマティックな価値論は、この趣旨に特に好意的なものである。

　哲学者にとっては、実際上価値とは人間の人格の合理的かつ倫理的資質の観念的実在であるのか、それともその資質の単なる創造物なのか、それともその資質の必要条件なのかを決定することが重要となる。しかしながら、この法的分析の限られた目的について言えば、われわれは、法律上の諸価値はつねに憲法の価値体系の中にその規範的基礎を有するがゆえに、この問題を留保しておくことができる[148]。重要な点は、価値の基体、すなわち評価されるべき事実的価値の担い手と、価値それ自体、すなわちそれを通して価値の基体が有価値なものとなるところのものとの相違を示すことである。

　侵害もしくは法益の法律上の諸問題にとって、この哲学上の区別からどのような結論が引き出されるべきか。この問題に答えるためには、法および法

---

(144)　*Ibid.* また G. O. W. MUELLER, 47 J. CRIM. L., C. & P. S. 539, 543-44 (1957) によってレビューされているように、アレクシウス・フォン・マイノング (Alexius v. Meinong) に続いてエルンスト・ゼーリヒ (Ernst Seelig) も同様である。リッケルトの哲学においては、諸価値は、特殊形態の実存を有している。すなわち、それらは、「妥当する (geltend)」のである。RICKERT, *op.cit. supra* note (141), at 113. また、KULTURWISSENSCHAFT UND NATURWISSENSCHAFT 20-22 (4／5 th ed. 1921) をも参照。

(145)　RICKERT, *op.cit. supra* note (141), at 147.

(146)　*Cf. ibid*.

(147)　ROSCOE POUND, CONTEMPORARY JURISTIC THEORY 82 (1940)；また、Powers, *Some Reflections on Pound's Jurisprudence of Interests*, 3 CATHOLIC U. L. REV. 10, 17 (1953) による批判的レビューをも参照。

(148)　この点についてのこれ以上のことは本章の後半に譲る。

第3章　法益の構造

秩序の性格が簡潔に考慮されなければならない。

　諸々の事実および状態の「存在 (is)」を扱う自然科学とは反対に、法律学は、そのもっとも深い意味において、「当為 (oughts)」についての科学、そしてそれゆえに哲学のように諸々の価値についての科学である。法は、生活と社会、国家と個人を単にありのまま記述するのではなく、それらをあるべきものとして考える。このような理由から、法律学は、物理学もしくは生物学のような記述的科学ではなく、むしろ、個人間、あるいは国家と国民との間に、事物に対する人間の関係を調整するのと同様の行動のルールを設定する評価科学である(149)。必然的帰結として、法益は、自然科学の対象のようには取り扱いえない、ということになる。たとえ法益が社会の要求や必要性の中に事実的基礎を有しており、また有していなければならないとしても、そのような利益は、法的評価の対象なのである。それは、法律上の諸々の原理および価値という包括的なコンテキストへと統合されるので、法秩序の一部となる。

　この点で、法益は、一般的な哲学的意味における「財 (goods)」と同様の構造を有している。ある価値を担っている実際的に評価された客体ないし事物を意味すると哲学者が理解している「財」(150)と同様、「法益」は、両方に——事実的社会学的必要性と同様法律上の価値にも——関係している。かくして、「法益」は、リッケルトの「有価値の現実 (valuable reality)」(151)という意味における関係的概念である。それは、社会学的な「存在 (is)」と法律

---

(149) 「文化科学」、すなわち事実というよりも価値の科学としての法学の性質については、RICKERT, *op.cit. supra* note (144) およびとりわけ GUSTAV RADBRUCH, RECHTSPHILOSOPHIE 91-104 (5th ed. Wolf 1956) 参照。

(150)　HARTMANN, *op.cit. supra* note (141), at 186 参照。また、RICKERT, *op.cit. supra* note (141), at 96 をも参照。実現されるためには、諸価値は、それによって「財 (goods)」となる客体に付着しなければならない、としている。

(151)　RICKERT, *ibid.* 法的観点から見たこれらの問題については、RUDOLF SIEVERTS, BEITRÄGE ZUR LEHRE VON DEN SUBJEKTIVEN UNRECHTSELEMENTEN IM STRAFRECHT 119 (1934) 参照。

(1) 法益一般の二元的構造 —— 社会学的基体と価値の側面

上の諸々の原理および理念の規範的「当為 (ought)」の統合である。というのは、法の目から見て価値あると認められる利益のみが、法益として承認されうるにすぎないからである。

かくして、価値の質と基体との間の哲学上の区別の分析に基づいて、われわれは、法益が2つの要素から成ることに気づく。すなわち、「価値の基体」としては、社会、国家、あるいはその構成員の事実的利益が法的評価と承認を要求し、「価値の質」としては、それぞれの国家もしくは社会の法的価値および理念が、事実的利益がそれを通して法的に有価値なものとなるところの調和を要求するのである。

ある犯罪における保護利益を法的価値へと関係づける必要性は、リヒャルト・ホーニッヒ (Richard Honig) によって承認されている[152]。同様の考え方は、ディーン・パウンド (Deen Pound) の法哲学の中にも見いだすことができる。パウンドは、それ自体法律によって創造されるのではなく発見される利益がある、と提言する。これらの利益は、しかしながら、法律によって承認されかつ調整されなければならず、その結果、法的公準に矛盾する主張もしくは要求は、法秩序によって直接的考慮から排除される[153]。このことは、事実的な価値の担い手としての利益と法秩序によって承認された価値の質としての利益とを区別することと基本的には同様である。パーキンス (Perkins) の社会的侵害 (social harm) の観念は、彼が侵害を「刑事制裁の保護下に置かれたあらゆる社会的利益のいっさいの侵害」[154]と述べるとき、この区別に近づく。ここでもまた、その基礎にある前提は、事実的利益とその法的評価との区別である。

法益一般の基本的構造を今なお考察しているのだけれども、法益の事実的側面の誤解についてコメントしておくことは、有益である。抽象化と精神化

---

(152) HONIG, DIE EINWILLIGUNG DES VERLETZTEN 98 (1919).
(153) Pound, *The End of Law*, 27 HARV. L. REV. 195, 233 (1914); *A Theory of Social Interests*, 15 PROCEED. AM. SOC. 16 (1920).
(154) PERKINS, CRIMINAL LAW 653 (1957)〔以下、PARKINS として引用〕.

第3章　法益の構造

が絶えず進行することによって、法益概念は、その実質的基盤を失う危険性にさらされている。ホールのように、どちらかといえば観念的な侵害概念においては、個人だとか社会集団の特殊な利益、必要性、もしくは欲求を、政府の手が届く範囲内のすべての有価値な財の保護を通して政府の一般的利益へと隠蔽してしまう人もいる。例えば、窃盗罪（larceny）は、財産権それ自体、すなわち、基本的な社会的制度としての所有権を保護すべく予定されているにもかかわらず、他者の財産の窃取は、社会的な価値としての財産を保護し保障する政府の利益に対する侵害だけでなく、個人の特殊な所有権に対する侵害をも惹起するのである。それゆえ、それぞれの権利または制度を保護する国家の利益の見地からのみ法益を定義することは、誤りである。個人自身の諸権利もまた、法益概念の中に取り入れられなければならないのである。

このような理由から、われわれは、「人格に対する犯罪」という「伝統的ラベル」を「人格に対する侵害という形態での国家に対する犯罪」に変えようとするパーキンスの提言[155]には、賛同できない。同様に、ドイツの刑法学者ユルゲン・バウマン（Jürgen Baumann）[156]も、窃盗罪においては被害者の特殊なあるいは具体的な所有権は財産それ自体の一般的利益を超えて保護されるものとは何ら考えられるべきでない、と主張している。国家のある一般的利益による特殊な個人的利益のこのような吸収が、今なお通用している初期刑法の完全な転倒にならないかどうか、こういう問題が生じるかもしれない。当時、個人の利益は、まさに公的保護の要素であった。王の平和を通して、かつての私的利益は、あらゆる種類の侵害を鎮圧することによって法と秩序を維持する王の利益という抽象的概念によって吸収されていったのである[157]。もし、われわれの刑法と社会学上の基体との関係が維持されるべきだとすれば、こうした抽象化の増幅傾向は、終結されるはずである[158]。

---

(155)　*Id.* at 21 with n. 97.
(156)　Jürgen Baumann, Strafrecht, Allgemeiner Teil 110 (2d ed. 1961).
(157)　前出・第1章参照。

(1) 法益一般の二元的構造 —— 社会学的基体と価値の側面

すなわち、法益は、再びその自然的基盤 —— つまり個人、社会集団、もしくは国家の特殊な諸々の権利および必要性 —— に関係づけられているにちがいない。「非物質的」侵害概念を支持するドイツの学者リヒャルト・ランゲ（Richard Lange）[159]ですらも、法益の社会倫理的な価値の要素は社会学的に基礎づけられた利益に関係づけられなければならないことを認めたのである[160]。

このコンテキストにおいて、最後に、われわれは、「形式的」法益概念として知られるようになった被害者の承諾の歴史的・理論的研究[161]においてホーニッヒ教授により十分に展開され定義された理論についてコメントすべきであろう。

ドイツの帝国大審院によって述べられたような自然主義的社会学的な「法益（Rechtsgut）」概念が様々な困難をもたらしたことから[162]、ホーニッヒは、外部的な要因または要素を考慮せずに制定法の趣旨から法益を説明しようと試みた。結果的に、彼は、法益を「それによって法学的思考が簡潔な形で単一の刑法規範の意味と目的を理解しようとする範疇的統合」として定義するに至った[163]。それゆえ、法益は、単に立法者によって承認されたそのもっとも短い定式での刑罰法規の目的にすぎない[164]。

---

(158) また、TH. WÜRTENBERGER, DIE GEISTIGE SITUATION DER HEUTIGEN STRAF-RECHTSWISSENSCHAFT 68 (1957); MAURACH 170 をも参照。

(159) KOHLRAUSCH-LANGE, STRAFGESETZBUCH 13 (43rd ed. 1961) において、ランゲは、損害を受けた単なる個人的財が法益の確定にとって決定的たりうることを否定している。そして彼は、「法益」を「生命、健康、財産等の……不可侵性（！）」と理解している。

(160) Ibid.

(161) HONIG, op.cit. supra note (152).

(162) とりわけ Dahm, Der Methodenstreit in der heutigen Strafrechtswissenschaft, 57 ZEITSCHRIFT FÜR DIE GESAMTE STRAFRECHTSWISSENSCHAFT 225, 231 (1938) 参照。

(163) HONIG, op.cit. supra note (152), at 94.

(164) Ibid.

第 3 章　法益の構造

　この概念は、制定法外の諸事実との関連性を排除するもので、それは、一面では、法益が社会の事実的利益の中にその基礎を有していなければならないというわれわれの要求と一致しないように思われる。このような矛盾は、このような形式主義的侵害概念を制定法の趣旨を述べかつ解釈する方法として考慮することによって説明される。この方法で機能すれば、この形式主義的侵害概念は、法の適切な適用と構造を容易にすることができる。実際、それは、刑罰法規の立法理由（*ratio legis*）の最良の表現である[165]。しかしながら、これを超えて、それ以上のことを形式主義的侵害概念は実現することができない。とりわけ、その侵害概念は、刑法上制裁されるべき侵害とは何かを立法者が決定することができる基準を何ら呈示していない。この基準は、社会の事実的利益が考慮されている実質的法益概念の使用によってのみ確定されうるのである。

　以上、われわれは、法益の基本的な二元主義的構造についてのみ確定してきた。その構成要素は、当然ながら、さらなる説明を必要とする。この特別な分析は、侵害を犯罪における類似の現象から区別することによって、法益の社会学的事実的側面から始まることになる。その後で、法益の価値的側面、すなわち、法益の憲法上の評価が、より詳細に扱われるべきである。

(2)　侵害 —— 犯罪における類似の現象からのその区別

　法益の事実的側面。すべての犯罪行為が同種のものでないことは、共通の経験的事実である。それゆえ、様々な犯罪を分析する際、犯罪行為とその有害結果の現象形態の多様性を発見することは、驚くにあたらない。ある場合には、行為の客体は、その法律が保護しようとしている利益と一致するが、他の場合には、たとえ外的結果が完全に明白であっても、保護法益を確定す

---

(165)　それゆえ、Dahm, *supra* note (162), at 232-3 および BAUMANN, *op.cit. supra* note (156)は、法益の形式的概念を完全に拒絶するとき、必ずしも完全に正当とはいえないのである。

(2) 侵害——犯罪における類似の現象からのその区別

ることは、きわめて困難である。後者の場合には、おそらくは違法行為によって侵害されるであろう、あるいは少なくとも違法行為に巻き込まれるであろう事物ないし人格は、刑法の規定が保護を予定している利益と一致しないのである。

第1の犯罪類型の例は、謀殺罪（murder）である。この場合、保護されるべき利益である人の生命は、殺害行為の客体でもある。この一致は、しかしながら、他の犯罪にも必然的に存在するとはかぎらない。例えば、偽造罪（forgery）においては、侵害は、偽造が犯されるその紙片に対してではなく、真正でない文書のおそれがないことへの商業上および社会的共同体の利益に対して加えられる[166]。かくして、刑法上の保護の真の目的は、財産の安全な取引に対する商業上の公共の利益である。強姦罪（rape）においては、犯罪者が女性の意に反する性交を行うべく女性を虐待するとき、何が保護されているのだろうか。それは、疑いなく、身体の一部としての性器ではなく、むしろ、自己の性的自由の唯一の支配者であるというその女性の利益である。同じような特性は、他の犯罪、とりわけ財産に対する犯罪で見受けられる。かくして、窃盗罪においては、法益は、窃取された物でもないしまたその物理的状態でもなく、もとの所有者の所有権それ自体である。

謀殺罪においてですらも、生命それ自体は、必ずしもつねに刑法上の保護の真の客体であるとはかぎらなかったし、むしろ兵士を救助する王の利益であった。同様に、傷害罪（mayhem）は、今日身体の統合性を保護すべく予定されているが、昔は王の兵士の戦闘力の保護を目ざすものであった[167]。このように見てくると、様々な犯罪規定によって保護された法益の一貫して正確な像を呈示することは、不可能ではないにせよ、困難である。しかしながら、それは、犯罪による攻撃の客体が必ずしも必然的に擁護されるべき利益であるとはかぎらないというわれわれの主張を強力に裏づけるものであ

---

(166) PERKINS 290.
(167) KENNY, OUTLINES OF CRIMINAL LAW 102-104 (17th ed. Turner 1958); RUSSEL, ON CRIME 693-4 (11th ed. Turner 1958) 参照。

第3章　法益の構造

る。この提案は、より多くの例によって論証されうるであろう[168]。このような現象の理由は、簡単である。すなわち、多くの侵害は、犯罪によって創出された物理的な事物ないし状態の変更にあるのではなく、知的にのみ想像可能な諸々の利益ないし権利の侵害にあるといえる。しかしながら、犯罪は、それが犯罪であるためには、一定の外的の行為によって外部に表出されなければならないので、外部的結果は、法益が非物質的性質である犯罪において可視的なものでなければならない。例えば、所有者の権利の侵害は、彼の財産の一片を奪い、持ち去ることによって証拠だてられる。偽造罪は、現実の詐欺がそこから生じなくても真正ではない法律上の文書を作成することによって犯される[169]。これらの例は、すべての犯罪行為が外部の舞台、すなわち証明されるべき感覚的に知覚可能な客体を要求しているということを明確に論証している。これらのケースは、また、各々の犯罪が保護の客体すなわち法益と、行為の客体、すなわちその侵犯もしくは不法な使用を通してその禁止された侵害が現れるところの物理的に具体的な事物との区別を要求していることも示している。――そして、このことはさらに重要な点なのである[170]。

　ドイツ刑法理論に関しては、この問題についての研究は、前世紀の傑出した2人の学者シュッツェ（Schütze）とフォン・リスト（von Liszt）にまで遡る[171]。長い間、満足な結論は得られないかのように思われた。同じころ、法益と行為の客体との上述の区別は、一般にドイツ刑法学において承認された[172]。それは、一般的性質の区別であり、かつそれ自体、特殊な刑法理論

---

(168)　MAURACH 171 参照。
(169)　PERKINS 296, 304 参照。
(170)　この区別の必要性は、とりわけ Honig, *Criminal Law Systematized*, 54 J. CRIM. L., C. & P. S. 276-277 (1963) によって主張された。
(171)　MAX HIRSCHBERG, DIE SCHUTZOBJEKTE DER VERBRECHEN 14 (1910) によるきわめて有益な概観参照。
(172)　MAURACH 171 ; BAUMANN, *op.cit. supra* note (156), at 109 参照。

(2) 侵害――犯罪における類似の現象からのその区別

に特有のものではないので、なぜにその区別がアメリカ刑法理論の問題にとっても適用可能かつ有益でありえないのか、理由はつかない。

いわゆる挙動犯（simple conduct crimes）と禁止された結果を証拠だてなければならない犯罪とにさらに区別することは、困難ではない。この区別は、特に、侵害と因果関係との関係を考慮する際に重要なものとなる。

犯罪による侵害が知的に認識可能な利益の悪化にのみある場合、この利益が必然的に外的行為の外的結果とは異ならざるをえないということ、このことは明らかである。しかしながら、そのような犯罪の外的結果が一様のものでなければならない必然性はない。法益が行為の客体とは異なるいくつかの犯罪においては、その行為は、法的に明示された一定の結果を惹起しなければならない。他の犯罪においては、犯罪行為は、外的に目につきさえすればよい。例えば、偽証罪（perjury）は、その結果の如何にかかわらず、虚偽の証言の証明によって論証されうる[173]。危険な武器を携行した者は、たとえその武器が犯罪目的のために使用されなくても、それだけで処罰されうる[174]。これらのケースにおいては、犯罪行為は、それ自体、禁止された侵害を創出するが、一方、他の犯罪においては、法的に限定された一定の結果が示されなければならない。例えば、故意の器物損壊罪（malicious mischief）というためには、その効用を悪化させ、もしくはその価値を実質的に減じさせる一定の財産への物理的損害が証明されなければならない[175]。もちろん、そのような挙動犯[176]（その行為が、禁止された侵害を惹起するのに十分と考えられるがゆえにそのように名付けられている）においては、それらすべての限定条件が現存していなければならない。実際上、この要件は、罪刑法定主義

---

(173) PERKINS 382 参照。
(174) Id. at 365.
(175) Id. at 282.
(176) この専門用語は、ドイツ刑法において用いられている用語（「挙動犯 "schlichte Tätigkeitsdelikte"）」対「結果犯（"Erfolgsdelikte"）」）に従って選択された。MAURACH 289 ; Honig, *supra* note (31) 参照。

第3章　法益の構造

の問題にほかならず、この点については後で取り扱われることになるであろう。

　法益は、多様な方法で、また様々な方向から侵害されるかもしれない。刑事学は、おそらく、財産利益が侵害され、身体的健康が危殆化され、もしくは人格的名誉が損なわれうるきわめて多数の方法をわれわれにもっともよく教えてくれるであろう。通常、法律は、想像可能なすべての法益侵害形態を禁止しているわけではない。きわめて重大な侵害のみが禁止されているにすぎない。これこそが、一定の有害な行為が処罰される諸条件を述べる犯罪定義が必要とされる理由である。かくして、虚偽の陳述は、もしそれが法廷の前でなされなかったのであれば、偽証罪ではない。殺人は、予謀悪意で行われた場合にのみ、謀殺罪とされるのである。

　もちろん、犯罪の定義の中に明記されたすべての条件が、申し立てられた犯罪につき有罪判決を保障するために充足されることが、罪刑法定主義の要請である。法定の諸条件の充足を、禁止された侵害の一部と考えることは、まったく別の問題である。これは、ホール教授の見解であるように思われる。侵害および犯罪行為の諸条件に関する彼の見解は、犯罪についての法的に重要な諸条件が刑法上の侵害の一部であるということ以外の何かを意味すると解釈することはできない[177]。これは、必ずしも完全に正当とはいえない。なるほど、それらの条件は、禁止された侵害の完成のための決定的な必要条件であるが、このことは、同様に侵害の一部であるというわけではな

---

(177) GENERAL PRINCIPLES 237-240 参照。これもまた、犯罪における諸条件についての他の論稿（サーモンド（Salmond）、スミス（Smith））のレビューを含んでいる。しかしながら、本分析に照らしてみると、スミスの「純粋な条件」と「結果として生じる条件（consequential circumstances）」との区別あるいは軽減条件ないし事態をいっそう悪化させる条件の特性について詳しく述べることは、これ以上手助けとならない。われわれが「条件」について語るとき、それが予謀（premeditation）および悪意（malice）といったような主観的要素であると、窃取された物、詐欺による損害等のような客観的要素であるとにかかわらず、犯罪構成要件となる諸条件を意味するのである。

(2) 侵害 —— 犯罪における類似の現象からのその区別

い。確かに、必要とされる条件もしくは結果が、禁止された侵害と同一である犯罪が多数ある。例えば、もし謀殺罪が人間の殺害を必要とするならば、生命の破壊は、同時に、禁止された侵害である。しかしながら、他の犯罪においては、定義において記述された一定の条件もしくは結果は、禁止された侵害が実現されるという徴候にすぎない。しかもこれによって、結果が、問題となっている侵害の一部とされるわけでもない。かくして、他者に属する客体の奪取を禁止する窃盗罪においては、刑法上の侵害は、窃取された品目に対して加えられるのではなく、所有者の所有権に対して加えられるのである。再び、偽証罪についていえば、訴訟手続において、偽証が証言されなければならない。しかしながら、侵害は、その存在が偽証罪の必要条件となる裁判所に対して加えられるのではなく、むしろ、「訴訟手続における証言された陳述の完全性」[178]という観念的利益に対して加えられるのである。

同様の方法で、われわれは、犯罪の定義を分析することができるし、行為の客体が同時に法益である犯罪を除くすべての犯罪において、保護法益と、犯罪定義の要件を充足するために現存しなければならない他の法定の諸々の状況、条件もしくは結果との間には相違を書き留めることができると認めることができるであろう。これは、侵害原理の問題ではなく、罪刑法定主義 (the principle of legality) の要件である。すなわち、この罪刑法定主義によれば、もし犯罪者の行為がきっぱりと禁止されていなければ犯罪ではないのである[179]。そのことは、刑法上の侵害の一部としてこれらの状況を含めることを決して要求しない。

この考えは、2つのケースによって論証されるかもしれない。フォン・ローゼン事件 (*People v. Von Rosen*)[180]というイリノイ州の事件においては、被告人は、アメリカ合衆国国旗の冒涜で告発された。その禁止は、冒涜が公

---

(178) PERKINS 382.
(179) Meuller, *Criminal Theory : An Appraisal of Jerome Hall's Studies in Jurisprudence and Criminal Theory*, 34 IND. L. J. 217 (1959) 参照。
(180) 13 Ill. 2d 63, 147 N. E. 2d 327 (1958).

第 3 章　法益の構造

共の平穏を乱すことを要求していなかったけれども、イリノイ州最高裁は、そのような混乱がないという理由で有罪を破棄した。同裁判所は、次のような理由で破棄した。すなわち、その禁止の立法目的は、国旗の冒涜によって著しく危殆化されうるであろう公共の平穏を保障することである、と。この結論を分析してみると、われわれは、冒涜の証明が罪刑法定主義によって明確に要求されていることがわかる。しかしながら、もし国旗の冒涜が公共の平穏を維持するために第一義的に禁止されているとすれば、われわれは、国旗の威厳というよりもむしろ公共の平穏こそがその規定の特別な法益である、と結論せざるをえない[181]。侵害原理に関しては、イリノイ州の法廷は、それゆえ、その特別な利益に対する侵害の証明を要求している点で正当であった。もちろん、防止されるべき侵害もまた、非常にしばしば、犯罪の定義の一部となる。そのようなケースにおいては、侵害要件もまた、罪刑法定主義によってカバーされる。いっさいの誤解ないし誤った解釈を回避するために、罪刑法定主義によってカバーされる特定の諸条件を、侵害要件の問題である禁止された侵害からつねに区別すべきである。

　もうひとつの有益な例は、ニュージャージー州の・ブ・ル・ン・ス・事・件 (State v. Bruns)[182] である。同州では、地方条例が次のことを禁止していた。
(a)「公共の場所で」大声で冒涜的等のあらゆる言葉を叫ぶこと。もしくは、
(b)「公共の平穏を危殆化する傾向のある」不快な、みだらな等のあらゆる言葉を叫ぶこと。

　被告人は、ある写真店で、大声で冒涜的言葉で叫んでしまったのであるが、裁判所によって無罪を宣告された。そして、それはまさに正しかった。(a)に関しては、罪刑法定主義が充足されていなかった。(b)に関しては、その条例の法益が保護を予定している公共の平穏に対して危険がなかった。かくして、禁止された侵害がなかった。さらに、特別な侵害、つまり公共の平穏

---

(181)　Mueller, *supra* note (179), at 221 参照。
(182)　134 N. J. 393, 48 A. 2d 577 (1946).

(2) 侵害 —— 犯罪における類似の現象からのその区別

に対する危険は犯罪定義の一部を成していたので、罪刑法定主義の要件が充足されていなかった。公共の平穏に対する危険が現在していなかったので、侵害要件は、罪刑法定主義と同様、有罪を阻止したのである。

より興味深い問題は、もし被告人が公共の平穏を危殆化することなく公共の場所で冒涜的に大声を出していたとすれば、彼は(a)項の下で有罪とされえたかどうか、である。この場合、罪刑法定主義の要件は、明らかに充足されていることになるであろう。しかし、侵害要件についてはどうであろうか。その禁止の明白な目的は、公共の平穏を保護することではないのか。著者の見解では、フォン・ローゼン事件におけるように、被告人は、法定の全条件が証明されたとしても、禁止された侵害が現存しないがゆえに、無罪とされるべきであろう。このケースもまた、法的安定性（legal security）という理由で、犯罪定義において、その侵害が防止されるべきであるということを明記することがきわめて重要である、ということを示している。これは、侵害要件に罪刑法定主義のより有効な保護を与えうる唯一の方法である。

それゆえ、犯罪定義を分析し解釈するとき、禁止された侵害と、その禁止された侵害の一部ではなく前提条件にすぎない行為の法定の諸々の条件、状況および結果との間は、厳密に区別されなければならない。

侵害を類似の犯罪結果から区別することは、犯罪内部での侵害の地位を確定するための確固たる基盤を提供するものである。まず、われわれは、侵害が行為とアクトゥス・レウスに対して有している関係を確認すべきである。これに対する解答は、いかにしてアクトゥス・レウスを定義するか、というきわめて論争的な問題にかなり左右される。おそらくはケニー（Kenny）[183]をもって嚆矢とするであろうひとつの見解によれば、アクトゥス・レウスは、ある行為の結果 ——「犯罪行為それ自体の自然的結果」[184] —— として理解される。この意味において、アクトゥス・レウスは、犯罪の法定の結果と

---

(183) GENERAL PRINCIPLES 222 参照。
(184) KENNY, OUTLINES OF CRIMINAL LAW 9 (12th ed. 1926); 同旨 PERKINS at 653, 723-4.

第3章 法益の構造

一致するであろうし、かくして、侵害からはなお区別されうるであろう。しかしながら、これは、もはや可能といえない。というのは、ターナー (Turner) は、原理的にはケニーに従いつつも、アクトゥス・レウスを「法律が防止しようとしているような人間の行為の結果」[185]として定義したからである。この意味において、アクトゥス・レウスと侵害は、類似のものである。侵害は、法益の侵犯として、その行為の結果にほかならず、そしてもしケニーとターナーが正しければ、2つの用語のうちのひとつは、余分なものとなるであろう。誤解を招きかねないいっさいの専門用語を回避するために、最良のアプローチは、「侵害」かアクトゥス・レウスのいずれかを放棄することであろう。

ケニーとターナーのアクトゥス・レウスの観念が正しいかは、きわめて疑わしいように思われる。それは、多くの著名な論者らによって拒絶されているばかりか[186]、論理学上の観点からしても、アクトゥス・レウスは、その行為の結果以上のものでなければならない。アクトゥス・レウス、すなわち悪しき行為[187]は、行為の観念をも含むので、それは、行為の結果だけではありえず、むしろ行為それ自体を含まなければならない。行為は、アクトゥス・レウスの一部である。これもまた、アクトゥス・レウスと侵害との関係に影響を及ぼす。侵害は、犯罪行為の結果であるがゆえに、侵害と行為は、同等とはみなされず、またアクトゥス・レウスは、行為を含むがゆえに、侵害とアクトゥス・レウスは、同等とはみなされない。むしろ、アクトゥス・レウスは、行為、侵害、およびその結び付きである因果関係といったものの

---

(185) TURNER, THE MODERN APPROACH TO CRIMINAL LAW 195 (Radzinowicz & Turner eds. 1945); また KENNY-TURNER, *op.cit. supra* note (167), at 14 参照。

(186) GENERAL PRINCIPLES 222-37; GLANVILLE WILLIAMS, CRIMINAL LAW, THE GENERAL PART 16-21 (2d ed. 1961) 参照。

(187) Mueller, *On Common Law Mens Rea*, 42 MINN. L. REV. 1043, 1053 (1958) 参照。しかし、パーキンスが、アクトゥス・レウスを「有責な行為」と訳しているのは誤解である。なぜなら、「有責な」行為は、アクトゥス・レウスのみならずメンズ・レアをも必要とするからである。

(2) 侵害 ── 犯罪における類似の現象からのその区別

包括的観念として解釈されるべきであり、アクトゥスでもって、行為の意味での任意的身体的動作を表し、レウスでもって、この行為が一定の禁止された侵害に帰着するという事実、すなわち、その行為がその犯罪において保護された法益への損害を「惹起する」という事実を表しているのである。

それゆえ、この観点からすると、アクトゥス・レウスについてのスタリーブラス（Stallybrass）の狭い解釈を承認することはできない[188]。オースチン[189]とホームズ[190]の方向に密に追随する彼の見解においては、アクトゥス・レウスは、外的行為以上のものでもそれ以下のものでもない[191]。明らかに、この解釈は、レウスの現実的意義を考慮することができない。その言葉は、確かに「外的（overt）」ということを意味しえない。というのは、犯罪行為のこの側面は、すでに「行為（act）」の観念の中に本来備わっているものだからである。それは、もし邪悪な（evil）とか違法（illegal）として理解されるのであれば、おそらくその意味により近いであろう。ミューラー教授が指摘したように、レウスは、刑法は「いっさいの行為にかかわるのではなく、法的に重要な行為にかかわるのである」という確固たる意味合いを伝えるものである。「アクトゥス・レウスは、刑罰規範に適合する不法な行為を意味するのである」[192]。そのようなものとして、アクトゥスは、それが法律によって禁止された侵害を的確に惹起する場合にのみ、レウスとなるにすぎない。アクトゥス・レウスは、実際、犯罪の客観的要素、すなわち、主観的なメンズ・レアから区別されるものとしての形式的および実質的違法性を構成するすべてものを結び付けることができる。

他方、グランヴィル・ウィリアムズ（Granville Williams）は、アクトゥ

---

(188) Stallybrass in: TURNER, *op.cit. supra* note (185), at 397 参照。
(189) AUSTIN, JURISPRUDENCE 415 (5th ed.).
(190) HOLMES, THE COMMON LAW 91 (47th print).
(191) 同旨 Hibbert & Jenks in 1 RESTATEMENT, TORTS §2；なお Hitchler, *The Physical Element of Crime*, 39 DICK. L. REV. 99 (1934/35) 参照。
(192) Mueller, *supra* note (187).

第 3 章　法益の構造

ス・レウスの範囲を、免責（excuse）のような犯罪の主観的性格を含めるよう拡大し[193]、一方で正当にも、客観的違法性の全範囲をアクトゥス・レウスで理解しようとする[194]。これは、しかし、ここではあまり関係がない。基本的には、ウィリアムズは、行為、侵害、および因果関係は、ともにアクトゥス・レウスの本質的要素であることを認めているように思われる。

　侵害は行為それ自体でもなく、またアクトゥス・レウスとも同一でないことが結論づけられる。侵害は、むしろ、行為の因果的結果、すなわち、行為によって惹起された法益への危害である。アクトゥス・レウスのこのような説明は、われわれがその結論を、まさにその定義によって一定の限定的結果を要求する犯罪へと制限するかぎり、まったく明白である。先に考察されたいわゆる挙動犯は、どうなるのだろうか[195]。つまり、行為と侵害は同一ではありえないということを証明するにあたり、われわれは、一定の禁止された結果を要求しない挙動犯の概念を否認しないのか。これは、もし刑法上の侵害が、行為者とは同一でない客観的側面もしくは利益への侵害というよりもむしろ、行為主体の人格的倫理的不法ないし無価値の中に求められるならば、真実といえるであろう。行為の人格的無価値を不法の本質と考える理論においてのみ、行為は、その結果と無関係に真の侵害となるであろう[196]。われわれの分析からすれば、一定の客観的法益の損傷が刑事罰の基礎となっている場合に、行為は侵害それ自体とはなりえず、侵害の原因となるにすぎないのである。

　このことは、また、挙動犯に関しても当てはまる。「挙動」犯は、行為そ

---

(193)　WILLIAMS, *op.cit. supra* note (186), at 20.
(194)　*Id.* at 18：「アクトゥス・レウスは、精神的要素を除いて犯罪の完全な定義を意味する —— そしてそれは、行為の定義の中に含まれているかぎりで精神的要素までも含む。」とする。
(195)　前出・第 1 章。
(196)　とりわけ、行為の人格的反価値の理論を唱えるヴェルツェルがそうである。前出・第 2 章参照。

(2) 侵害 ―― 犯罪における類似の現象からのその区別

れ自体が刑法上の侵害と考えられるべきである、ということを提言するものでは決してない。この含意は、禁止された諸条件の下で犯された一定の行為はたとえそれが何らかの物理的もしくはそうでなくても可視的な損害を惹起しなかったとしても違法な侵害を惹起するのに十分と考えられる、ということを意味しているにすぎないのである。このことは、偽証罪においてはっきりと示すことができる。すなわち、偽証罪においては、重要事項に関する司法手続における虚偽の陳述は犯罪と考えられているのである。偽証罪の侵害を証明するためには、当該当事者もしくは誰か他の者に対する損害を示すことは必ずしも必要ではない。というのは、関係する侵害は、法廷の前での宣誓された陳述の真正さに対して向けられているがゆえに、不可視的だからである。挙動犯においては、侵害は、外的結果と関係なく、法的に禁止された行為によって惹起されると推定されるのである[197]。侵害と因果関係に関する以下の節は、挙動犯における因果関係の特別な概念を解明するかもしれない。

因果関係は、刑法理論の中心的諸問題のひとつである。理論毎に提案は異なるかもしれないが、すべてのアプローチの基礎ないし出発点は、英米法および大陸法の双方において[198]、科学的意味における因果関係の意義、すなわち、被告人の行為は有害結果の必然的原因であったとする原理である。

アメリカ法においては、この自然的な因果関係の原理は、「被告人の行為なかりせば」その犯罪結果は発生しなかったであろうに、ということを意味するいわゆる「なかりせば」ルール（"but-for" rule）によってもっともよく特徴づけられる[199]。ドイツ法においては、これは、コンディティオ・シネ・

---

(197) 挙動犯における侵害の問題は、あらゆる刑法理論にとって共通の問題であるがゆえに、ドイツの学説もそれを扱った。ヴェルツェルの行為の人格的反価値の理論を除いて、純粋な挙動犯においては、責任の基礎は倫理的・法的価値に対する行為者の無関心ではなく、共通善（common good）にとって重要な法益の侵犯である、という一般的合意がある。BAUMANN, *op.cit. supra* note (156), at 166.

75

第3章　法益の構造

クワ・ノン理論（conditio sine qua non theory）によって示される。この理論は、あらゆる想像可能な条件が相応の結果の不発生に帰するということが有害結果の必要条件である、と言う[200]。この意味において、「所与の結果に寄与するすべての条件が、事実問題として、その結果の原因である」[201]。

しかしながら、多くの著者によってますます承認されているように、その科学的意味における因果関係の立証は、第1段階にすぎない。問題は、つぎに、無限の因果連鎖を、被告人に合理的に責を帰してよいものに限定することに関係する。これは、自然科学の問題ではなく、ミューラーがそう言ったように、「法的概念」である[202]。それは、広範な問題であるが、ここでは、それは考慮の必要がない。というのは、侵害と因果関係のコンテキストにおいては、唯一の関心事は、自然的因果関係、つまり、侵害はいかにして犯罪行為によって惹起されるのか、すなわち、われわれは行為と侵害との間の同様の因果的結び付きをすべて犯罪の中に見いだしうるかどうか、あるいは犯

---

(198) アングロ・アメリカ法においては、様々な理論の評価を伴った因果関係の問題に関するきわめて最新の広範ないくつかの公刊物がある。Ruy, *Causation in Criminal Law*, 106 U. PA. L. REV. 773 (1958)；HART & HONORE, CAUSATION IN THE LAW (1959) 参照。アメリカ法にとって基本的に新しいアプローチは、G. O. W. Mueller, *Causing Criminal Harm*, in ESSAYS IN CRIMINAL SCIENCE 169 (Mueller ed. 1961) によって企てられたが、それは、目的論的工夫による因果連鎖の限定を推奨している。また、Hall, *Causation*, in STUDIES IN JURISPRUDENCE AND CRIMINAL THEORY 158, 199 (1958) をも参照。ドイツ法については、TRAEGER, DER KAUSALBEGRIFF IM ZIVIL- UND STRAFRECHT (1904)；Honig, *Kausalität und objektive Zurechnung*, in 1 FRANK-FESTGABE 174 (1930)；より最近では MAURACH 151-166 による概観参照。
(199) Mueller, *id.* at 172-3 参照。
(200) とりわけグラーザー（Glaser）とフォン・ブーリ（von Buri）によって提唱されたが、これは、ドイツの帝国大審院の立場でもあった。Mueller, *id.* at 189 参照。アメリカの「シネ・クワ・ノン理論」も、原則として同様である。PERKINS at 598 参照。
(201) PERKINS, *ibid*.
(202) Mueller, *supra* note (198), at 212；また at 173 をも参照。

(2) 侵害 —— 犯罪における類似の現象からのその区別

罪類型に応じて相違があるのかどうか、という問題だからである。これに解答するには、法定上要求された一定の結果を伴う犯罪と挙動犯との区別に立ち帰らなければならない。

　前章（第2章）から、行為と外的結果との因果関係は行為と侵害との関係と必ずしも同じでないことが明らかである。保護されるべき法益が（生命、身体、あるいは有体物のような）物的財もしくはその他の外的な（金銭的、所有的）価値から成る場合にのみ、因果関係は、その科学的な意味において重要となりうるにすぎない。同じことは、その定義によって一定の禁止された結果を要求する諸犯罪に関しても当てはまる。例えば、詐欺（false pretenses）という犯罪においては、犯罪者は、他者から金銭もしくはその他の一定の動産を獲得しなければならない[203]。故意の器物損壊罪（malicious mischief）においては、犯罪行為は、他者の動産の破壊を惹起しなければならない[204]。すべてのそのようなケースにおいては、行為と法定上要求される結果との間に因果関係が存在する。挙動犯においては、そのような因果性は、明らかでない。

　先に議論したように[205]、偽証罪とか強姦罪のような挙動犯は、非物質的性質の法益に対して向けられる。侵害は、観念的性質の法益に影響を及ぼす一方、これらの犯罪の遂行は、外的行為を創出するために外的現実において行われなければならない。それゆえ、これらの犯罪においては、行為と侵害は、異なったレベルで生じる。行為は、自然界の現象である一方、利益は、非物質的性質の場合、知的に明白な方法で侵害される。このような理由から、行為と侵害との関係が挙動犯において真の因果関係と呼ばれることは、むしろ論理的かつ存在論的に支持できないように思われる。社会的、商業的、もしくは文化的生活の必要性および要求を観念的に支えている利益に対して、外的現実において行われる行為からの実際の渡り線は、存在しない。

---

(203)　PERKINS 251 参照。
(204)　Id. at 282.
(205)　前出・第1章。

第 3 章　法益の構造

　このことは、おそらく、ドイツの学説が説明を与えないまま挙動犯における行為と侵害の因果関係を否定する理由ともいえよう[206]。ここでは、因果性の原理は、法的推論に等しいプロセスによって取って代わられている。すなわち、一定の行為が行われれば、立法府は、法的に承認された利益が侵犯され、もしくは少なくとも危殆化されるであろうことを推論しているのである。例えば、偽造罪においては、偽造が商業的利益に対する侵害を「惹起した」との立証をする必要はない[207]。むしろ、いっさいの偽造がその利益を減じていることが推定されるのである。かくして、マウラッハは、正当にも、挙動犯における（侵害の意味での）「行為と結果の不可解な絡み合い」[208]について論じることができるのである。この場合、犯罪は、すべての法定要素が現存する場合に犯される。それゆえ、偽造罪は、たとえそれが善意の買い手に対する損害のように何らかの他の有害な結果が後に続かなくても、その偽造により完成されるのである。侵害は、商業生活がまさに偽造文書の存在によって危殆化されるという事実の中にある。

　現実的因果的侵害の代わりに侵害を推定するというこの見解は、スナイダーの侵害グループの分類によっても支持されている[209]。スナイダーは、一定の人々ないしは公衆一般に対する現実的もしくは潜在的侵害が証明されなければならない諸犯罪に加えて、たとえ他者への影響が含まれていようといまいと、公共の侵害が推定される諸犯罪があることを発見した。彼は、例として、被提供者によって即座に拒絶される賄賂（bribe）と、伝聞による虚偽の証言を引き合いに出す。「これらの行為が行う侵害は推定されるけれど

---

(206)　例えば、MAURACH 189. 彼は、挙動犯と法定上結果を要求される犯罪との区別の主たる意義を、後者においてのみ因果関係の問題が関係してくるにすぎないという事実の中に見いだしている。同旨 BAUMANN, *op.cit. supra* note 156, at 176.
(207)　PERKINS 290.
(208)　MAURACH 150.
(209)　SNYDER, AN INTRODUCTION TO CRIMINAL JUSTICE 114-115 (1953).

(2) 侵害 —— 犯罪における類似の現象からのその区別

も、これらの行為が開始されており、外的行為が完結していることについての証明がなされなければならない」[210]。

　これらは、明らかに、われわれが考えている挙動犯の類型に当たる。罪刑法定主義は、外部的行為が現存することを要求するが、しかし、ひとたびその行為が証明されれば、侵害は推定される。それゆえ、われわれは、挙動犯においては、もし他のすべての法定要件が充足されていれば、行為と侵害の因果関係は侵害の法的推定により取って代わられる、という結論に到達することができるのである。

　因果性概念のこのような限定的適用可能性は、侵害に関連する因果性についてのいっさいの考慮に際して、注意を要する。それゆえ、因果性原理が「表面上は行為のみが禁止された侵害を構成するにすぎない犯罪に対しても適用可能」であるとするミューラーの主張[211]が、この一般的形態において維持できるかどうかは、まったく疑わしい[212]。ミューラーは、自然的、有体的あるいはさもなくば外的財の形態における法益のみが、そして、外的性質を有する法定の要件および事実のみが、行為との真の因果関係を有しうるにすぎないという事実を看過しているように思われる。

　コルプス・デリクティ（*Corpus delicti*）は、一般的に承認された意味を有していないように思われる。というのは、それは、刑法と刑事手続のまったく異なった諸機能を記述する際に用いられるからである[213]。しかしながら、コルプス・デリクティには、しばしば用いられる3つの解釈がある。

　もし、ストラホーン（Strahorn）によって提案されているように用いれば、

---

(210)　*Id*. at 115.
(211)　Mueller, *op.cit. supra* note (198), at 212.
(212)　CLARK & MARSHALL, ON THE LAW OF CRIMES 183 (6th ed. Wingersky, 1958) も、因果関係の問題が挙動犯においては関係がないという事実に気づいていない。また、Beale, *Proximate Consequences of an Act*, 33 HARV. L. REV. 632 (1920) をも参照。
(213)　詳細については、GENERAL PRINCIPLES 224-7 参照。

第3章　法益の構造

　コルプス・デリクティは、われわれの侵害の理解に近くなる。ストラホーンにとって、コルプス・デリクティは、刑事責任の3要素のひとつであり[214]、そして、もし「一定の社会的損害」、すなわち「ある犯罪結果（a criminal result）」が現存すれば、証明される[215]。この所説からすれば、ストラホーンは侵害をコルプス・デリクティと同一視しているように見えるであろう。もしこの所説のコンテキストを考察する人がいれば、ストラホーンがコルプス・デリクティをほとんどの犯罪定義によって要求される外的結果という一般的意味において理解していなかったかどうか、不思議に思うかもしれない。後者の解釈は、ストラホーンの「犯罪結果」という用語の使用によって強力に支持される。しかしながら、この解釈によると、コルプス・デリクティは、定義上必要とされる行為の諸結果の別の表現にすぎなくなるであろう。コルプス・デリクティは、それ自体、法益に対する侵害からは区別されなければならない。

　コルプス・デリクティの第2のもっとも一般的な用法は、犯罪の法定の要件および条件を考慮し、特定の種類の損傷もしくは損失の発生、さらにはその損失の源としての犯罪者の犯罪行為を示す[216]。ときおり、この解釈は、非難される犯罪の実質的要素すべてを含むほどに拡大される[217]。この意味で、コルプス・デリクティの観念は、証明されるべき犯罪の法定要素すべてを要求する罪刑法定主義のひとつの機能として役立つ。しかし、このように解釈されると、コルプス・デリクティは、ある犯罪の証明のために定められ

---

(214) Strahorn, *Criminology and the Law of Guilt*, 84 U. PA. L. REV. 491, 492 (1933).

(215) *Ibid*.

(216) 7 WIGMORE, EVIDENCE 401 (3d ed. 1940) がそうである。同旨 MILLER, ON CRIMINAL LAW 93 (1934). なお、CLARK & MARSHALL, *op.cit. supra* note 212, at 109 にとって、コルプス・デリクティとは、「被った特殊な損失もしくは損傷という事実」を意味する。

(217) WILLIAMS, *op.cit. supra* note (186), at 17 ; なお GENERAL PRINCIPLES 224, 226 参照。

(2) 侵害——犯罪における類似の現象からのその区別

要求される外的要件および条件の包括的表現である。そのような理由から、われわれは、侵害と要求されるその他の犯罪要件との区別——保護利益に限定されたものとしての侵害、禁止された侵害を必然的にもたらす犯罪のすべての法定要素の総計としてのコルプス・デリクティ——についてすでに言われてきたものに言及することができるのである[218]。

もし、コルプス・デリクティが、ホールによって提案されたように[219]手続法の目的のために用いられるならば、法益との関係を失う。というのは、それは、異なった法的平面上にあるからである。ここでは、その2つの同一視は、もはやできない。ともかく、侵害とコルプス・デリクティは、同義ではない。

メンズ・レアに関するホールの論稿[220]の読者ならば、その叙述において侵害が大きな役割を演じていることを悟るであろう。このことは、侵害とメンズ・レアが犯罪の指導的構成要素であるということ、すなわち、客観的な法秩序およびそれによって保護された利益の侵犯としての侵害と、その侵害が行われた精神状態としてのメンズ・レアとを考えれば、驚くにあたらない。かくして、侵害は、悪しき精神状態が実現しようとする目的であることが判明する。この意味で、侵害とメンズ・レアは、まさに刑事責任の中心に

---

(218) 触知不可能な侵害と触知可能なコルプス・デリクティとの相違の問題は、スミス事件 (*Smith v. United States,* 348 U.S. 147, 154 (1954)) において、裁判所が、税金免れ (tax evasion) のようないくつかの犯罪においては「コルプス・デリクティとして切り離すことができる触知可能な損傷がない」と認めたとき、裁判所を悩ませた。しかし、すでに裁判所は、コルプス・デリクティを被告人の働きに関して樹立せざるをえなかった。不幸にも、そのような犯罪における触知不可能な侵害の問題は、明らかに理解されはしなかったのである。

(219) GENERAL PRINCIPLES 227. また、ウィンガースキー (Wingersky) も、実体法の目的に照らして最終的にそれを採用することによってコルプス・デリクティの「手続的倍音 (procedural overtones)」を承認している (in CLARK & MARSHALL, *op.cit. supra* note (212), at 109)。

(220) GENERAL PRINCIPLES chs. Ⅲ-Ⅳ.

第 3 章　法益の構造

位置する原理である。侵害とメンズ・レアとの関係の包括的研究がそれらの間の様々な結び付きを示していることは、驚くにあたらない。

　この分析の射程範囲は限定されているがゆえに、われわれは、調査をその関係のひとつの基本的側面、すなわち、メンズ・レアが刑法上の侵害の必要条件であるかどうかという問題に限定しなければならない。この問題は、また、侵害とメンズ・レアの相互依存の問題ともいえるであろう。特別に詳細というわけではないけれども、ジェローム・ホールだけしかこの問題を扱ったことがないと思われるのは、驚きである。彼が現実の行為の未完成形態としてメンズ・レアを強調しているところに従えば、侵害は、メンズ・レアに依存している、と言える。ホールは、「行為、すなわち、任意的行為は、メンズ・レアを表しかつ実現するがゆえに、メンズ・レアではなく行為が侵害の原因であると主張するのは妥当ではなかろう。」[221]と論じている。それゆえ、「メンズ・レアがなければ、侵害は犯されない。」[222]とする。

　ホールの提案と類似の提案は、客観的違法性と主観的責任との区別に関する論争がクライマックスに達した 19 世紀末のドイツの刑法学者によってすでに広められていた[223]。当時、アドルフ・メルケル（Adolf Merkel）のような著名な法思想家も、責任なき違法性はありえず、その結果、精神異常者は本来的に刑法上の侵害を惹起しえないであろう、という見解を支持した。いわゆる命令説（theory of imperatives）を唱道した人々（フォン・トーン（von Thon）、フェルネック（Ferneck）、グラーフ・ドーナ（Graf Dohna））も、同じ結論に達した。彼らは、法は責任能力ある人々に対してのみ名宛てされうる命令および禁止の体系である、と答えた。かくして、刑事責任能力を有する者たちだけが違法行為を行う能力がある、とされたのである。その結果、メンズ・レアを有する主観的能力は、刑法上の侵害の必要条件のように考えら

---

(221)　HALL, STUDIES IN JURISPRUDENCE AND CRIMINAL THEORY, 159 n.3 参照。
(222)　GENERAL PRINCIPLES 236.
(223)　この点および以下の点については、ROBERT VON HIPPEL, 2 DEUTSCHES STRAFRECHT 183-186 (1930) 参照。

(2) 侵害 —— 犯罪における類似の現象からのその区別

れたのである。

　この理論は、しかしながら、フォン・リストとナーグラー（Nagler）によって異議を唱えられたわけだが、数十年後にエドムント・メツガー（Edmund Mezger）が、法は人間に非難を加え命令する機能のほかに社会秩序に関して客観的行為および事態を評価しそのための諸規範を設定する課題をも有していることを論証したとき[224]、実質的に破綻した。そのとき以来、ドイツ刑法学は、侵害の現在性を含めた客観的違法性に関する判断と犯罪者の主観的有責性に関する判断との基本的区別をしてきた。両方とも、禁止された行為を可罰的とするために現在しなければならないけれども、各々は他方から独立した特別な機能を有している。それゆえ、違法性の証明は、行為もしくはアクトゥス・レウスを判断するために用いられるのであって、犯罪者の人格を判断するために用いられるのではない。犯罪者の人格は、人格責任が関係するかぎりで問題となるにすぎない。こうした理由から、ドイツ法は、主観的メンズ・レアが証明されえない諸ケースにおいてすらも客観的侵害の存在を推定することができる。この推定は、それゆえに、精神障害のゆえにメンズ・レアをもって行為しない人々に対する正当防衛権を確立した。というのは、彼らの行為は、いぜんとして有害でありかつ違法だからである[225]。

　アメリカ法学は、他の刑法体系において発展せられた原理を受け入れるよう義務づけられているわけではないけれども、それにもかかわらず、それが解決しようとしている問題が普遍的であるがゆえにそのメリットを考慮する価値はある。ホールは、侵害がメンズ・レアに依存すると考えるとき、たとえメンズ・レアなき犯罪はないとしてもメンズ・レアの証明なき侵害は十分にあるかもしれないという事実を見落としている。既遂罪の証拠はアクトゥ

---

(224) Mezger, Strafrecht, Ein Lehrbuch, 163-167 (3d ed. 1949) 参照。
(225) これは、一般に今日では承認されている。とりわけ Schönke-Schröder, Strafgesetzbuch, Kommentar 13, 329 (11th ed. 1963) 以下; Maurach 232-3 参照。

第3章　法益の構造

ス・レウスという客観的側面とメンズ・レアという主観的状態を含め全体として犯罪行為の判断を要求するけれども、侵害は、当該人間の行為が一定の法益を害しもしくは危殆化するという観念しか表していない。このことは、もちろん、有害行為は任意的なものでなければならないことを要求する。しかしながら、行為の知的および意思的要素はメンズ・レアの一部かもしれないけれども、それらは、メンズ・レア全体を構成するわけではない。（ホールの見解を含め）今日の諸見解によれば、メンズ・レアは、故意（intention）に代わる単なる別の表現というのではなく、主観的道徳的な有責性[226]もしくは少なくとも禁止されたその行為の性質を知っていることを要求する[227]。不法に行うということのこの主観的認識は、侵害の客観的無価値に何ものも加えることができない。

　法の一次的機能は一定の悪しき精神を訴追することではなく、違反から法秩序を保護することなので、この秩序は、それが承認した利益のひとつが任意的にかさもなくば非難可能な形で毀損されもしくは危殆化されるや否や、犯罪者の精神構造にかかわらず客観的に侵害される。自己の行為が不法であったことを知らなかった者が処罰されるべきかどうかは、別の問題であって、それは原理的には消極的に解答されるべきである。これにもかかわらず、彼の行為は、法的にも社会的にも有害であることが判明してしまう[228]。

　さらに、ホールの見解に対しては、論理的異議が提起されるかもしれない。ホールは、侵害をメンズ・レアに依存せしめる一方で、侵害を、メンズ・レアの意味を確定するために用いる[229]。かくして、ある要因によって

---

(226)　ホール自身がそうである。とりわけ、ホールの非道徳的刑事責任論（theory of non-moral penal liability）についての彼の批判（in GENERAL PRINCIPLES 146-170）参照。

(227)　Morisette v. United States, 342 U. S. 246 (1952)；Lambert v. California, 355 U. S. 225 (1957) 参照。この主題の基礎となっているのは、Mueller, *supra* note (187) である。彼の見解によれば、故意と過失は、メンズ・レアの「諸形式」にすぎず、その「実質」は、不法を為すことの意識によって特徴づけられる。

(3) 侵害 —— その憲法上の評価：法益の価値的側面

ある主題を確定しつつ、今後はその要因が確定されるべき主題に依存すると考えることは、悪循環ではないのか。

要するに、メンズ・レアは犯罪の本質的構成要素であるけれども、刑法上の侵害の必要条件ではない、というのがわれわれの理解である。侵害は、もちろん、もしそのメンズ・レアが証明できなければ行為者を可罰的とはなしえない。それにもかかわらず、両者は、区別されなければならない。すなわち、一般的な言葉で言えば、侵害は、犯罪行為の客観的違法性の実質を意味し、一方、メンズ・レアは、その主観的要素から成るのである。

(3) 侵害 —— その憲法上の評価：法益の価値的側面

前節は、侵害の事実的側面だけに関係した。しかしながら、先に議論したように、侵害と侵害の客体としての法益は、二元的構造を有している。法益の社会学的事実的基体は、それがある人々もしくは社会的団体にとって価値を有するがゆえにのみ法的に保護可能なのではない。むしろ、それは、その国家が全人民の代表であるがゆえに「法的に」価値がなければならない。それゆえ、法的観点から保護に値するそれらの利益に対してのみ保護を提供してもよいのである。それゆえ、社会学的利益は、法益として保護されるため

---

(228) HALL, GENERAL PRINCIPLES 230-32 によって議論されている諸例は、ホールがメンズ・レアの諸形式とその実質とを必ずしも明確にしていなかったという著者の主張を支持するものである。多くの犯罪においてメンズ・レアのある形式が、一定の行為を有害なものたらしめるために現在しなければならないということは、否定できない。それゆえ、国境を越えて女性を連れ出すことは、もしそれが売春（prostitution）だとか放蕩（debauchery）等の目的で為されたのでなければ、侵害とはならないであろう。しかし、もしそのような実行が為されたのであれば、その侵害は、たとえその犯罪者が自己の行為が犯罪であることを知らなかったとしても、完成するのであろうか。

(229) GENERAL PRINCIPLES 72：「２つの要因は、メンズ・レアの意味を決定する —— 現実の侵害と、それを任意に犯す行為者の精神状態がそれである。」とする。

85

第 3 章　法益の構造

にはつねに法的価値と符合しなければならない。これこそがまさに、法益の二元的構造によって説かれるところのものである。社会学的に基礎づけられた利益は、一面にすぎない。それは、法的に承認された価値によって補足されなければならない —— 事実的利益は、規範的に法によって評価されなければならない。このことは、目新しいことではない。裁判所は、それを意識していないにもかかわらず、つねにこのような方法で判断してきたのである。利益は、それが利益それ自体であるという理由だけで法的保護を要求することはできないし、また、ある個人が侵害されたと感じている事実がその危害を刑法上の侵害たらしめているわけでもない。

　この原理は、テイラー対キーフェ事件（*Taylor v. Keefe*）というコネティカット州のケースにおいて明確に述べられた[230]。同州では、コネティカット州憲法第 12 条第 1 項が、原告に対して、「為されたいっさいの危害についての」補償を保障していた。その平易な言い回しに対して、「いっさいの危害（any injury）」は、「法的な危害、すなわち、裁判所が適切に認知しうるところの、ある確立された法の侵犯」を意味するという具合に解釈され、かつ制限された[231]。また、リチャード対カーペンター事件（*Richard v. Carpenter*）[232]における判決も、評価の尺度にはならないけれども、公正な結果を獲得するためには、公正な結論に達するために、保護される諸々の利益を比較衡量する必要性を強調した。類似の見解は、ディーン・パウンド（Dean Pound）の利益法学（jurisprudence of interests）の中にも見られる。利益は、法によって創出されるのではないけれども、法によって承認されかつ

---

(230)　134 Conn. 156, 56 A. 2d 768 (1947).
(231)　スチュアート事件（*Stewart v. Standard Publ. Co.*, 102 Mont. 43, 49, 55 P. 2d 694 (1936)）におけるモンタナ州憲法の解釈およびジャックマン事件（*Jackman v. Rosenbaum Co.*, 263 Pa. 158, 168, 106 Atl. 238 (1919)）におけるペンシルバニア州憲法の解釈も、同旨である。
(232)　Carpenter, *The Problem of Value Judgements as Norms of Law*, 7 J. LEGAL. ED. 163, 167 (1954).

(3) 侵害 —— その憲法上の評価：法益の価値的側面

調整されなければならない[233]。

　そのような利益は、どうして法的承認を必要とするのであろうか。政府は全人民の代表として、ある団体をえこひいきしてはならず、それゆえ、一般的承認に値する利益だけを保護できるにすぎないということ、このことをすでにわれわれは提案してきた。これは、しかしながら、必ずしも完全な解答ではない。すなわち、政府の処罰権限の制限を要求する理由がほかにもある。一見すると、もし国家がその市民のあらゆる願望を保護すれば、それは、より人道主義的なように思われるかもしれない。しかしながら、そのような寛大さの効果は、個人の活動の自由を相応に制限することになるであろう。なぜなら、普遍的自由に関する個人の利益と最大限の安全に関する共同体の利益は、それらが刑法において存在するほど対照的に緊張関係にあるのでは決してないからである。

　あらゆる刑法上の禁止もしくは命令は、ある人が容易に刑事責任を負わされ、それによって自由、財産、および名声を喪失する危険性はいうまでもなく、自動的に自由な活動や人格の自由の制限にも帰着するということ、このことはよく知られている。刑法によって保護される利益の数が増加すればするほど、個人のイニシアチヴの範囲は小さくなる。このことは、刑法上の禁止がもたらすかもしれない個人の自由の喪失に対する保護を切望する利益の衡量を必要ならしめる。この点で、たとえ誰かにとって有価値であろうとも、必ずしもすべての利益が刑法上の保護に値するわけではないことが明らかになる。個人の自由は、何らかの特別な要求もしくは願望の犠牲になるにはあまりに高価なものである。こういう理由で、ある利益が保護に値するためには、一個人だとか特別な階層の幸福の保護以上に幅広い基盤に基づかなければならないのである。すなわち、その利益は、社会の承認を得なければならないのである。このことは、個人の利益が原則として承認されてはなら

---

(233) Powers, *Some Reflections on Pound's Jurisprudence of Interests*, 3 CATHOLIC U. L. REV. 10, 15 (1953) 参照。

第3章　法益の構造

ないということを意味しない――このことは、生命、私的財産、およびその他の多くの個人の財の保護によって明らかに証拠だてられる。その代わりに、それが意味するのは、ある利益は、それが個人の利益であれ、ある社会団体の利益であれ、国家の利益であれ、一般公衆の明示または黙示の承認を得なければならないということである。換言すれば、社会は、直接的にはその共同体における一定の個人もしくは社会団体に対してのみ直接的利益を有するにすぎないかもしれないけれども、その利益を保護するに十分価値があるものとみなされなければならないのである。

これは、自由に関する個人的利益と最大限の安全に関する社会および国家の利益との公平なバランスを獲得しようと試みるあらゆる刑法の基本原理である。他の諸個人を犠牲にして国家の刑事立法によりある人自身の利益を押し通すことは、つねに独裁政権の徴候であるとされてきた。しかしながら、民主主義秩序においては、ある団体は、その特殊な利益の社会的保護のために進んで苦闘しなければならず、また政府は、もしその利益が社会的に無益なものにすぎないならば、個人の自由を犠牲にしてまで法的保護を与えようとはしないであろう。

幸いにも、わが裁判所は、刑事立法の権限は社会的責任において、すなわち真に一般的な必要性との関係で行使されなければならない、とつねに考えてきたし、それゆえに、純粋に私的に重要であるにすぎないすべての要求に対する保護を拒絶してきたのである[234]。バランス事件（*State v. Ballance*）[235]においてノースカロライナ州最高裁判所は、まさにこの問題について次のように述べた。

---

(234)　Cantwell v. Conn., 310 U. S. 296 (1940) ; People v. Pacific Health Corp., 12 Cal. 2d 156, 82 P. 2d 429 (1938) ; Ex parte Kazas, 22 Cal. App. 2d 161, 70 P. 2d 962, 967 (1937) ; State v. Mitchell, 217 N. C. 244, 7 S. E. 2d 567, 571 (1940) 参照。また、11 AM. JUR. *Constitutional Law* § 274 (1937) をも参照。また、公共福祉犯罪の評価に関する後出・第4章をも参照。

(235)　229 N. C. 764, 51 S. E. 2d 731 (1949).

(3) 侵害——その憲法上の評価：法益の価値的側面

　警察権限の行使は、不可避的に、人格的自由の制限に帰着し、そしてこの分野における立法は、社会的利益こそがもっとも重要であるという理論によってのみ正当化される。この権限を行使するに際しては、立法は、特殊な階層の利益よりもむしろ市民全体の幸福をもくろんでいるのである。

同様に、スニダー教授[236]によっても、刑事責任を課すことは、利益衡量の問題である。しかしながら、より重いのは、公共の利益である。
　これまで、われわれは、保護されるべき利益の社会的承認について議論してきたし、また実際上も、これは、その社会的承認が十分な刑法上の保護に達する前に、ある利益を処理加工するに際しての大きなステップである。社会的利益は、まずはそれが一定の個人もしくはある特殊階層の私的関心事であることから発展させられなければならない。それにもかかわらず、共同体のほかの構成員たちは、限定された意味しかない利益のために自分たちの自由を制限しようとはしないので、私的な関心事である利益は、社会的利益へと昇格させられなければならない[237]。かくして、法的に保護された利益の像は、つねに変化するのである。社会的変革の各時期は、新たな願望および必要性を高める一方、他のものは以前の重要性を失うのである[238]。
　多くの私的利益は、社会的承認の段階で脱落する。例えば、もしある個人がベッドで読んでいるときに行をきれいにしておくために新聞発行者がより

---

(236) SNYDER, PREFACE TO JURISPRUDENCE 521 (1954).
(237) 本節および以下の節については、ALBIN ESER, DIE ABGRENZUNG VON STRAFTATEN UND ORDNUNGSWIDRIGKEITEN 87-88 (Dissertation at Würzburg University Library 1961) 参照。
(238) このようにそれぞれの共同体の態度に刑事不法を係らしめることは、最近、ウエスタン・ユニオン事件 (*State v. Western Union*, 13 N. J. Super. 172, 80 A. 2d 342, 361) において論評された。すなわち、「公的不法の概念は、社会の進展の所産であり、また、ある行為が公的損傷ないし威嚇となっているかあるいはそうなっていると考えられるかは、文明の段階および人々に直面している諸条件に係っている。」と。

第3章　法益の構造

　上質のプリンターのインクを使うことを欲するならば、おそらくいつの日か彼は、この願望が新聞発行者によりきれいな印刷を使うよう強制することによってでも保護するほどに価値あるものと考えるその共同体の大多数を見いだすかもしれない。しかしながら、そのような社会的承認が得られなければ、法的承認、したがって刑事制裁は、正当化されない。換言すれば、その時代および場所の一般的概念と矛盾する要求および願望は、法秩序により即座には考慮されないのである[239]。この場合には、それらの要求および願望は、きわめて重要な段階前に、すなわち社会的承認から法的承認に至る前に脱落する。

　ある利益の社会的承認は、社会的発展のひとつのプロセスにすぎない。社会は一般に、一定の利益が保護に値することを決定するかもしれないが、法的承認は、必ずしもそれに追随する必要はない。社会的な諸々の概念および基準と法的なそれとは、完全に分離できる。刑法上の諸規定が無効になった諸ケースを概観すると、その無効が保護可能な利益の欠如もしくは優越的な要求および必要性と矛盾する利益に基づいている多くの例があることが明らかになる。これによって、われわれは、ある利益が法益としての承認を得るために合致しなければならない諸価値を考慮せざるをえなくなるのである。

　明らかに、法的承認は、原理上、法に基づいてのみ可能である[240]。もし、盗聴（wiretapping）からの自由に関する利益のように社会的に承認されている利益があれば、法的評価における第1段階は、この特殊な利益が法益のあらゆる現存秩序に合致するかどうかを確認することであろう。この見解は、とりわけドイツの刑法学者トーマス・ヴュルテンベルガー（Thomas Würtenberger）[241]とディートリヒ・エーラー（Dietrich Oehler）[242]によって説

---

[239] Pound, *The End of Law*, 27 HARV. L. REV. 195, 233 (1914); Powers, *supra* note (233) 参照。

[240] ディーン・パウンドが価値の承認の基礎づけを社会の態度だけに基づいて行うことを提唱するとき、そのかぎりでわれわれは、彼に従うことができない。Powers, *supra* note (233), at 10-26 による批判参照。

(3) 侵害 ── その憲法上の評価：法益の価値的側面

かれた所見に基づいている。両者とも、過去および現在の刑法典の価値概念を調査し、刑法典は一定の行為のための諸規定の累積もしくは寄集めであることのほかに、規範的機能を有していることを発見した。刑法典は、一定の文化的段階にある社会が維持すべき必要があると考えている諸々の価値および信念の体系を構成する。そのような法秩序は、通常、法的承認のために提案された新たな利益を評価するための手段として用いられうる諸々の価値の体系を具象化している。もし、その新たな利益がこの体系に合致すれば、それは、刑法上の保護に値する法益として承認されうるのである。しかしながら、必ずしもすべての新たな要求と必要性が、すでに現存するある法秩序の諸価値に従って評価されるというわけではない。現代の公共福祉立法の発展は、テクノロジー、工業化、および新たな生活方法の発展によって条件づけられた新たな願望の大きな流れを生み出した。この範囲内では、すでに在存する刑法秩序に遡って関係づけられる可能性はない。すなわち、立法府は、伝統的刑法典においてすでに具現化されている諸価値に頼ることはもはやできないのである。それゆえ、立法府は、社会によって要求されている新たな諸々の規範と価値を創出するに際して創造的役割を引き受けなければならない。

しかしながら、新たな基準を求める本調査においては、問題は、そのような規範を創設する立法府の機能に関して生じる。以前には知られていなかった地平および頂上へと刑法価値体系を高めることによって新たな諸々の利益および要求を承認することは、完全に自由なのか。この点では、憲法が力を発揮しなければならない。マーベリー対マディソン事件（*Marbury v. Madison*）[243] 以来、憲法は「国の最高の法」であり、憲法に矛盾する法律は無効

---

(241) WÜRTENBERGER, DAS SYSTEM DER RECHTSGÜTERORDNUNG IN DER DEUTSCHEN STRAFGESETZGEBUNG (1933).

(242) WURZEL, WANDEL UND WERT DER STRAFRECHTLICHEN LEGALORDNUNG 2, 202 (1950).

(243) 1 Cranch 138, 5 U. S. 368 (1803).

第3章　法益の構造

であるということが理解されてきた。この原理は、すべての立法行為に及び、それゆえに、刑事立法にも当てはまる。裁判所は、立法府はその幅広い警察権限にもかかわらずその憲法による拘束力の範囲内に止まらなければならない、とつねに強調してきた[244]。かくして、刑法上の価値体系に関するかぎり、憲法は、全体秩序の基礎である[245]。

　この原理の結論は、どうなるであろうか。このような拘束は、新たな社会的利益の法的承認に影響を及ぼすであろう刑法上の諸規定が憲法と調和すべきであることを要求するにすぎない。憲法上承認された権利および利益の枠内にある利益のみが、刑法上の制裁による保護を受けるといってよい。そのような憲法上の承認が現在するかどうかは、必ずしもつねに容易に確定されるわけではない。憲法は、ごくわずかの価値しか保障していない。しかしながら、いずれにせよ、保護すべき利益の数は、憲法において明示的に列挙されている権利よりも多い。刑法典と同様、憲法は、一定の価値秩序の表現である。その諸々の原理、声明、および政策は、社会および国家の基本的信念の統一的体系を構成する。しかしながら、刑法秩序とな異なり、憲法の価値秩序は、一般的に定められた諸々の権利、要求、および自由を含んでいる。最近、ヴァルター・ザックス（Walter Sax）教授による刑法による統治の研究[246]において論証されたように、憲法上の価値秩序の機能は、基本的には

---

(244)　State v. Western Union, *supra* note (238), at 361 参照。「国家は、その警察権力によって……刑法犯の創出および定義における大きな自由裁量を……具備している。その権力は、もちろん、憲法上の制約に服し、そしてその行使は、合理的であることを要し、また専断的でない、あるいは気まぐれでないことを要する。」としている。また、State v. Ballance, *supra* note (235); Carter v. State, 243 Ala. 575, 11 So. 2d 766 (1943); Meyer v. Nebraska, 262 U. S. 390, 399 (1923); Stromberg v. California, 283 U. S. 359 (1931); De Jonge v. Oregon, 299 U. S. 353 (1937) をも参照。また、SNYDER, *op.cit. supra* note (209), at 759-64 をも参照。

(245)　法秩序一般の基礎としての憲法に関しては、CARL J. FRIEDRICH, DIE PHILOSOPHIE DES RECHTS IN HISTORISCHER PERSPEKTIVE ch. XXIII (1955) 参照。

(3) 侵害 ── その憲法上の評価：法益の価値的側面

刑法秩序の機能とは異なるものである。憲法秩序は、すべての立法活動のための「抽象的枠組」を構成する諸原理の中に具現化されているのに対して、刑法の法益秩序は、違法な攻撃によってしばしば危害を受ける利益に向かってより具体的に形成され、かつ方向づけられている[247]。例えば、謀殺罪（murder）においては、人の生命は、一定の類型の危害、すなわち予謀悪意（malice aforethought）をもって犯された殺人に対してのみ保護されるのである。他の殺人類型、すなわち、故殺（manslaughter）、堕胎（abortion）等は、別々の制裁を有している。類似のヴァリエーションは、同一の主要価値を有する他の犯罪群においても見られるが、それらの犯罪規定は、その主要価値の別々の側面に対して向けられているのである。例えば、窃盗罪においては、個人的財産は、違法に奪取されることに対して保護される。そこに含まれている法益は、一次的には所有者の所有権であるが[248]、詐欺窃盗罪（larceny by false pretenses）においては、所有者は、そこに含まれている所有権という法益でもって、虚偽の意思表示によって自己の財産を意図的に放棄することに対して保護される[249]。これらのわずかな例は、刑法秩序が憲法の価値秩序以上にその利益に関してはるかにより細分化されていることを示すに十分である。

　憲法において積極的に列挙された価値は、数においては少ない。しかしながら、それらは、範囲の幅広い価値である。というのは、上述のように、憲法は、刑法秩序の機能とは異なる機能を有するからである。憲法は、一般

---

(246)　Sax, *Grundsätze der Strafrechtspflege*, in BETTERMANN-NIPPERDEY-SCHEUNER, 3(2) DIE GRUNDRECHTE 911-913 (1959).
(247)　*Id.* at 912.
(248)　PERKINS 195 参照。
(249)　*Id.* at 249-51 参照。また、at 187-90 における利得罪（acquisitive offences）についてのパーキンスの緒言をも参照。それは、法益が確固たる潮流となっているという事実の証左である。財産一般は、つねに、承認された利益であったけれども、それが今日有している保護を獲得するには時間がかかった。

93

第 3 章　法益の構造

に、消極的機能しか持たない。すなわち、憲法は、新たな利益が憲法上の利益、そしてそれゆえに法益に達しうるその枠を記述しているにすぎないのである。もちろん、そのことは、承認を求めている関心事が、明示的に宣言された憲法上の規定に合致しなければならないとか、あるいはそれに背いてはならない、ということを意味しない。むしろ、要求されるのは、その関心事が、憲法上の精神によって具現化されかつ導かれた諸価値の幅広い枠の中に収まっている、ということである。スナイダー教授も、同じ結論に達している。一定の行為を犯罪的なものたらしめる立法権限の限界を議論するに際して(250)、彼は、われわれは特殊な憲法上の規定を探し求めるべきではない「が、それらの精神もしくはそれら全体の総計となる何か」は探し求めるべきである、と提唱した(251)。

　アメリカ合衆国の憲法は、ダイナミックなデュー・プロセス条項と広範な自由権および財産権に基づくきわめて広い一般的な価値枠を有している。加えて、憲法が採択されたときにすでに知られていた諸犯罪と、それゆえに憲法上の価値秩序の集大成および精神の中へと暗黙裡に取り入れられた法益とが、考慮されなければならない。もちろん、憲法上の価値体系の概要を十分

---

(250)　Snyder, *op.cit. supra* note (209), at 760.
(251)　また、Elmer M. Million, *Limitations on the Enforceability of Criminal Sanctions*, 28 Geo. L. J. 464 (1940) をも参照。何が犯罪を構成するのか、いかなる行為類型が刑事制裁に服せしめられうるのか、そしていかなる人が犯罪者とみなされうるのか、という問題を扱いつつ、ミリオンは、いくつかの驚くべき発見をしている。数多くの判例を概観しつつ、彼は、いくつかの犯罪においては犯罪の範囲がデュー・プロセスのような憲法上の規定によって限定されているばかりではなく、憲法上の禁止がない場合にも、その諸規定が自然の、生来の、不可侵の、不可譲の、共通の、既得の、あるいは予約された権利と考えられるものを侵犯した場合には、無効とみなされていることを発見したのである。「憲法上の精神」のそのような危険な拡大が十分に支持できるかどうか疑わしいけれども、ともかく、それは、憲法上の規定が決してそれだけで考えられるべきものではなく、秩序全体のコンテクストの中で憲法が提起しているものであることを示している。

(3) 侵害——その憲法上の評価：法益の価値的側面

詳細に記述することは、本稿の範囲を超えるであろう。以下に分析を行う中で、われわれは、いくつかの例を挙げることになるが、それらの大半は、アメリカの裁判所によって判断を下されたものであり、そこにおいては、刑法上の規定において保護された利益が憲法と調和していることが疑わしかった。第1に、憲法によって積極的に表現されているかもしくは憲法と矛盾しないものと通常みなされている一定の利益についての熟考する必要がある。第2に、憲法上承認されているにもかかわらずその保護が他のより高次の憲法上の利益もしくは権利に抵触するであろうがゆえに刑法上は保護されえない一定の利益について述べよう。第3の部分は、現代の福祉立法の諸問題を扱うことになろう。これによって、新たに展開された功利性および必要性原理（utility and necessity principle）のインパクトおよび意義について報告する機会が提供される。

　憲法によって明示的に保障された権利および利益の刑法上の保護は、それほど困難ではない。例えば、殺人罪における生命の保護、殴打の罪（assault and battery）における身体の保護、不法目的侵入罪（burglary）および放火罪（arson）に対する家屋および住居の保護、窃盗罪、委託金横領罪（embezzlement）、強盗罪（robbery）、偽造罪、財物強要罪（extortion）といったような相異なる形態の犯罪に対する財産の保護がそれである。前述のように、財産、生命等に言及することは、それらの犯罪の主要価値を示すにすぎない。個々の犯罪類型は、通常、その主要価値に関連する多くの利益の中からひとつを選択する。それぞれの規定が予防しようとする特殊利益を確定することは、必ずしもつねに容易ではない。加えて、2つもしくはそれ以上の利益の組合せが、いくつかのケースにおける犯罪の現実の内容を構成している。例えば、強盗罪においては、違法な攻撃は、財産利益に対して向けられているばかりでなく、所有者の自由および無傷性（integrity）に対しても向けられている[252]。詐欺窃盗罪でも、多くの形態の財産権のうちのどれ

---

(252) PERKINS 236 参照。

第 3 章　法益の構造

が犯罪の範囲内に含まれるのかを語ることは、まったく困難になりうる。例えば、ルービンスタイン事件（*United States v. Rubinstein*）[253]を分析することによって、スナイダー[254]は、詐欺罪は詐取された当事者の金銭的利益のみならず、欺罔に対する安全性に関する彼の財産的利益をも保護していることを証明した[255]。当該法益がかなり複雑である他の犯罪は、コモン・ロー上の財物強要罪である。すなわち、それは、職務の外観の下で公務員が違法な報酬を汚職的に徴収することである[256]。その規定が、一次的には、公務員の不当な要求に対して市民の財産を保護すべく考案されているとしても[257]、それはまた、「公的不正の濫用」をも防止しなければならないのである[258]。

---

(253) 7 U. S. C. M. A. 523, 22 C. M. R. 313 (1957). 本件では、被告人は、アメリカ合衆国空軍基地でクラブ・支配人として働いていたものであるが、その飲物がそのクラブの通常の営業に用いられることになっていたという虚偽の陳述に基づいて輸入業者からウィスキーを購入した。しかし、実際は、被告人は、それをある日本のブラック・マーケット・シンジケートのために買ったのであり、かくして、高額の日本の輸入税の支払いを免れたのであった。もし彼らがこのことを知っていたならば、輸入業者らは、特別認可規制違反で自分たちの免許が取り消されていたであろうがゆえに、被告人に売りはしなかったであろう。被告人は、「売り手が金銭のためだけに値切ったのではなく自分の免許を危険に晒さない合法的販売のためにも値切ったという事実にもかかわらず」、詐欺窃盗罪で有罪とされたのである。

(254) Snyder, *False Pretenses-Harm to Person From Whom Thing Obtained*, 24 Brooklyn L. Rev. 34, 48 (1957).

(255) また、ドイツ法について言えば、Frank, Strafgesetzbuch § 263 I (18th ed. 1931) も同旨である。しかし、ドイツにおいて現在支配的な見解によれば、詐取罪（false pretenses）に匹敵する犯罪である「詐欺罪（Betrug）」の法益は、財産であり、そして財産のみである。Schönke-Schröder, *op.cit. supra* note 225, § 263, I 参照。意見が異なるのは、Mezger, Strafrecht, Besonderer Teil 164 (6th ed. 1958) であり、彼は、経済生活における信義と誠実（truth and bona fide）の維持を含めてしまうことを欲している。

(256) Perkins 319 参照。

(257) それゆえ、それは、適切にも財産犯に挙げられている。Perkins, *ibid* 参照。

(3) 侵害 ―― その憲法上の評価：法益の価値的側面

それゆえに、両方の利益が、その犯罪の十分な内容となるのである[259]。

　憲法によって明示的に記述されてはいないが憲法が採択された当時に一般に承認されていた法益のうち、ここでは、反逆的および内乱的活動に対する国家および政府の保護、偽証罪、贈収賄罪（bribery）および法廷侮辱罪（contempt）に対する統治機能の運用の保護、強姦罪ならびに道徳および礼儀に対するその他の犯罪からの性生活の保護だけは、言及しておく必要がある。かくして、伝統的なコモン・ロー上の犯罪において保護されている利益のすべては、前世紀においてすたれてしまわなかったかぎりで、憲法上の価値体系の一部と考えることができるのである。

　憲法の初期の時代以来、多くの新たな社会的必要性と欲求が生起している。科学と工業化は、著しい進歩を遂げてきたが、それらの喜ばしい成果は、個人の生命と自由、および社会的安全性に対して諸々の危険性をも創出した。それらは、現代の刑事立法の抗しきれない潮流の始まりを示したが、その潮流は、今日でも、すでに相当な数になっているいわゆる公共福祉犯罪（public welfare offenses）を加え続けている。この動向は、もちろん、新たに発見されたそれらの財および利益の社会的および法的承認なしにはありえなかったといえよう。

　しかしながら、必ずしもすべての要求がうまく法的水準を獲得しているわ

---

(258)　4 BLACKSTONE, COMMENTARIES *141.

(259)　しかしながら、ひとつあるいはそれ以上の利益に関わるこれらのケースにおいては、ある興味深い専門用語上の問題が生じる。侵害を3つのレベルの抽象性として捉えているミューラー教授（34 IND. L. J. 220 および前出・第2章参照）は、ある犯罪の特殊ないし副次的な利益は第3レベル、すなわち、中間の侵害レベルに関わる主要な利益と対照をなすような特殊な侵害レベルに置かれるべきことを提唱しているように思われる。ある犯罪の副次的利益は、しばしば、その犯罪に独自の性格を与え、かくして特殊な利益とみなされうるけれども、われわれは、それにもかかわらず、異なった侵害レベルの上に基本的利益と特殊利益とを置くつもりはない。なぜなら、両方とも、同じ犯罪の構成部分だからであり、かくして、両者があってはじめてその犯罪の十分な内容を作り上げるからである。また、MAURACH 173 をも参照。

第 3 章　法益の構造

けではない。多くの場合、裁判所は、刑法上保護されるべき新たな利益が憲法と矛盾しているときには、制定法を無効と宣言してきた。概して、現代の公共福祉立法は、新たな法益を著しく増加させており、かくして、憲法の価値秩序の枠組を着実に補足させ、かつ拡張させてきた。

　網羅しているとまでは言えないが、われわれは、新たに承認されたこれらの法益のいくつかを呈示してみよう。より一般的な性質でありかつ多方面から危害を加えられうる利益の中には、公衆の健康、道徳および一般的福祉といった利益がある。これらの利益は、1887 年のマグラー事件（*Mugler v. Kansas*）[260]もしくはその少し後のギルマン事件（*State v. Gilman*）[261]、レドモン事件（*State v. Redmon*）[262]、およびミラー事件（*Miller v. Board of Public Works*）[263]において承認された。バランス事件（*State v. Ballance*）[264]においては、刑法は、「公共善の完遂を促進し、もしくは公共の侵害という苦痛を防止する。」と述べられている。別の言葉で、ホームズ判事（Mr. Justice Holmes）は、次のように述べている。すなわち、警察権（police power）は、「大きな公共の必要性すべてに」広がる。「それは、慣習によって制裁されるかまたは普及している道徳もしくは公共の福祉にとって大いに即座に必要である強力かつ有力な意見によって支持されるところのものを助けるために前面に出されるといってよい」[265]。

　これらの一般的利益は、当然ながら、特殊な利益へと —— 公共の安全という利益は、交通安全[266]、広告標識による混乱なき運転の安全[267]へと、公衆の健康という利益は、混雑した共同住宅や不健康なスラムに対する保護、ゴ

---

(260)　123 U. S. 623（1887）.
(261)　33 W. Va. 146, 10 S. E. 283（1889）.
(262)　134 Wis. 89, 114 N. W. 137（1907）.
(263)　195 Cal. 477, 234 Pac. 381（1925）.
(264)　*Supra* note（235）.
(265)　Noble State Bank v. Haskall, 219 U. S. 104, 111（1911）.
(266)　Kovacs v. Copper, 336 U. S. 77（1949）参照。
(267)　State v. Blackburn, 104 So. 2d 19（Fla. 1958）参照。

(3) 侵害——その憲法上の評価：法益の価値的側面

ミの除去や収集の必要性、もしくは伝染病患者のワクチン注射や隔離の必要性へと——細分化されうるし、またされなければならない[268]。もうひとつの十分定着した基準は、公衆道徳の保持および保護である[269]。それゆえ、賭博や売春宿を禁止すること[270]、もしくは売春婦と関係を持つことを禁止することは、法的に重要である[271]。しかしながら、日曜日の安息に関する宗教的信念のように、一定の領域は保護されない[272]。一般的な福祉の部分となりそれゆえに保護に値すると考えられる他の現代的欲求は、サウンド・トラックにより大きな耳ざわりのボリュームにまで拡大された公共利益を有する放送に対する都市住人の「安寧および平穏（well-being and tranquility）」であり[273]、また、一定の居住区域における店舗の創設に対するコミュニティの基準である[274]。同様に、アメリカ人の住居の市民的および社会的価値は、居住区域を厳格に設定することによって保護される[275]。

公共福祉犯罪として範疇化できない利益に関しては、われわれは、とりわけ政府の暴力的転覆の唱道に対する国家の自己保存利益に言及すべきである[276]。また、旧来の自由権の所産である利益も重要である。これらの利益についてのかなり広範な言明は、マイヤー事件（Meyer v. Nebraska）[277]において行われた。マイヤー事件において、連邦最高裁判所は、マクレイノルド判事（Justice McReynolds）を通して論じ、次のように宣言した。すなわち、

(268) 詳細については、11 AM. JUR. *Constitutional Law* § 270 (1937)参照。
(269) Coppage v. Kansas, 236 U. S. 1 (1914).
(270) Barbour v. State, 146 Ga. 667, 92 S. E. 70 (1917).
(271) State v. McCormick, 142 La. 580, 77 So. 288 (1917).
(272) Henderson v. Antonacci, 62 So. 2d 5 (Fla. 1952).
(273) *Supra* note (266).
(274) City of Miami Beach v. Ocean & Inand Co., 3 So. 2d 364 (Fla. 1941); Meritt v. Peters, 65 So. 2d 861 (Fla. 1953).
(275) Miller v. Board of Public Works, 195 Cal. 477, 234 Pac. 381 (1925).
(276) Gitlow v. New York, 268 U. S. 652 (1925); Schenck v. United States, 249 U. S. 47 (1919); Dennis v. United States, 341 U. S. 494 (1951).
(277) 262 U. S. 390, 399 (1923).

第 3 章　法益の構造

デュー・プロセス条項によって保障された自由は、疑いなく、身体的拘束からの自由を示すだけでなく、

> 個人が、契約をし、生活のために通常の職業のいかなるものにも従事し、有益な知識を獲得し、結婚して家庭を築き、子供を育て、自己自身の良心の命令に従って神を崇拝し、そして自由人による整然とした幸福追求にとって本質的なものとしてコモン・ロー上長い間承認されてきた諸々の特権を一般的に享受する権利

をも示しているのである、と。これは、実際、有価値な利益のきわめて包括的な列挙であるが、しかし、すべてが刑事制裁によって効果的に保護されうるかどうかは、刑法執行における実践的問題である。さらに、前述のように、裁判所は、新たな利益のすべてを立法により承認することに対して同意したのではなかった。以下は、当該利益が刑事制裁による保護に値するとは考えられなかったがゆえに刑法上の諸規定を無効にしたいくつかのケースである。

　カーター事件（*Carter v. State*）[278]においては、アラバマ州のある制定法は、次のように規定していた。

> 正当な理由または法律上の抗弁なく、故意にまたはみだりに、そのような行為が人々が賃金のために雇われているいっさいの合法的営業もしくは事業に損害を与え、干渉し、それを邪魔し、遅延させ、もしくは妨害する意図で、またはそうであると信ずべき理由をもって何らかの行為をするいっさいの人、会社、法人、または人の連合体は、……軽罪で有罪とされるべきである。

---

[278]　243 Ala. 575, 11 So. 2d 766 (1943).

(3) 侵害 —— その憲法上の評価：法益の価値的側面

この制定法の目的は競争によるいっさいの危険（jeopardy）に対するビジネスマンの全体的保護に相当するのであるが、この制定法は、警察権の立法的濫用のゆえに無効と考えられた。収入制限が禁酒利益を保護するよう解釈することができたケースにおいては、裁判所は、修正第 18 条の廃止以来、禁酒利益はもはや保護可能な利益とはいえないという理由から、そのような構成を禁止した(279)。ヴァーサローナ事件（State v. Varsalona）(280)においては、被告人は、誰か他の者に何らかの危害が及ぶにもかかわらず自分自身の酒店を燃やしてしまったという理由で、放火罪で有罪とされていた。その有罪は、立法機関が、いかなる小売店または店舗の故意の焼損をも禁止するとき、所有権または他の何らかの諸事情にもかかわらず財産のあらゆる故意の焼損を禁止しようとすることはできなかったという理由で破棄された。ロベル事件（Lovell v. City of Griffin）(281)においては、裁判所は、あらゆるパンフレットの配布を認可する市の利益を承認することを拒否した。エイッジ事件（Eidge v. City of Bessemer）(282)においては、裁判所は、いかなる量でもいかなる目的であっても酩酊させる酒類およびアルコール飲料の保存をたとえ不知であっても禁止した市条例を無効にした。また、混血法（miscegenation statute）を通して人種的緊張と不幸な子孫を防止しようとするカリフォルニア州の試みを法律上是認できるものとは認めなかった。ペレス対リッポルド事件（Perez v. Lippold）(283)においては、黒人、モンゴル人、およびマライ人と白人との結婚を処罰する制定法は、それが「何らの適切な目的に役立つことなく」市民から結婚の自由を奪うという理由で無効とされ、かくして人種的緊張および不幸な子孫の防止は、刑法上の保護に値する利益としては承認されなかったのである。取り上げられたすべてのケースにおいて、保護を求め

---

(279) Wisniewski v. United States, 247 F. 2d 292 (8th Cir. 1957).
(280) 309 S. W. 2d 636 (Mo. 1958).
(281) 303 U. S. 444 (1938).
(282) 164 Ala. 599, 51 So. 246 (1909).
(283) 32 Cal. 2d 711, 198 P. 2d 17 (1948).

101

第 3 章　法益の構造

られた利益は、それ自体非合法なものではないが、本概観は、それぞれの制定法が非合法な目的に役立っていたであろう例、すなわち専売の促進の例でもって締め括られるであろう。バランス事件（*State v. Ballance*）[284]においては、あらゆる雇われ写真家に対して認可を得るよう要求する刑法上の命令が、「本質的に私的営業である場所において専売を促進する」傾向があるという理由で、無効とされたのである。

　先の諸ケースは、制定法によって是認されるが再審査裁判所（the reviewing courts）によって刑法上の保護に値しないと判断されたがゆえに法的承認を拒絶された利益を反映しているわけであるが、以下の諸ケースは、利益がそれ自体は承認可能だけれども、その保障が他のより高次の憲法上の利益もしくは権利にとって害になるであろうがゆえに承認を否定されたケースである。この種のほとんどのケースは、平等な保護の権利、デュー・プロセスの原理、宗教の自由、およびその他の市民権と関連しているように思われる。

　宗教の自由に関しては、政府の国旗に対する崇敬利益は、宗教上の信念に道を譲らざるをえなかった。ウェストヴァージニア州教育委員会対バーネッテ事件（*West Virginia State Board of Education v. Barnette*）[285]においては、学校の児童が国旗に敬礼することを要求し、従わなければ両親を処罰する州の制定法は、宗教的理由からそうすることを拒否するエホバの証人（Jehovah's Witnesses）に対しては強制されなかった。ヘニントン事件（*Hennington v. Georgia*）[286]において、再び、州際通商（interestate commerce）の利益は、日曜日の安息の保護よりも劣ると判断された。他方、ヘンダーソン対アントナッキ事件（*Henderson v. Antonacci*）[287]においては、一般的な活動の自由は、日曜日の労働を禁止した宗教的信念よりも優越すると考えられた。本件においては、裁判所は、宗教上の主義、教え、もしくは信念は、「それらが善良

---

(284)　229 N. C. 764, 51 S. E. 2d 731 (1949).
(285)　319 U. S. 624 (1943).
(286)　163 U. S. 299 (1896).
(287)　*Supra* note (272).

(3) 侵害——その憲法上の評価：法益の価値的側面

な公共の道徳もしくは健康にとっての手本を提供するかぎりで」のみ、考慮されうるにすぎない、と判断した。レイノルズ事件（Reynolds v. United States）[288]においては、宗教上の信念は、またしてもうまくいかなかった。その事件では、モルモン教徒である被告人は、たとえそれが刑法上禁止されていたとしても一夫多妻（polygamy）を実践することはモルモン教会の男性の義務であるという宗教上の信念に基づいて、2度結婚をしていた。一夫一婦制形式においては、結婚は、ひとつの基本的な社会的制度であり、社会生活のきわめて重要な要点であるがゆえに、裁判所は、相反する宗教上の要求に反してでもそれは保護されなければならない、と判断したのである。

市民の自由および財産権に目を向けると、われわれは、これらの権利が禁酒利益に反してでも保護されるいくつかのケースを見いだすわけであるが、その場合、後者［禁酒利益：訳者］は、過大であるかもしくは基本的な市民の権利を完全に無視するに等しいものとなっていた[289]。その制定法が、保障された自由権、すなわち自己自身の労働の果実の享受権、および幸福追求権を侵害したということ、このことは、先に言及したように、バランス事件（State v. Ballance）における無効理由のひとつであった[290]。他の諸ケースにおいては、州の自己保存利益は、その利益が言論の自由のような市民の権利と対立するときには承認されなかった。かくして、ストロンバーグ事件（Stromberg v. California）[291]においては、組織された政府に対する敵対の印と

---

(288) 98 U. S. 145 (1878).
(289) State v. Williams, 146 N. C. 618, 61 S. E. 61 (1908); Eidge v. City of Bessemer, *supra* note (282); State v. Gilman, *supra* note (261) 参照。これらの事件においては、一般に市民の特権と免除とが関係した。しかし、また、Mugler v. Kansas, *supra* note (260) 参照。本件では、禁酒法（a liquor prohibition law）が修正第14条に合致すると考えられた。
(290) *Supra* note (284) 参照。その無効性のもうひとつの理由は、それが不法な利益を促進したという所見であった。また、Town of Miami Springs v. Scoville, 81 So. 2d 188 (Fla. 1955) をも参照。
(291) 283 U. S. 359 (1931).

第3章　法益の構造

しての赤い旗の掲揚を禁止する制定法は、言論の自由に抵触する、と判断された[292]。

最後に、制定法がそれ自体は合法的である利益を保護しているけれども平等保護条項違反のゆえに無効であるとされた諸ケースがある。ボーウェン事件（*People v. Bowen*）[293]においては、ある制定法が、申込みの2年前からニューヨーク市の居住者であった者に対してのみ認められていた認可を得ることをニューヨーク市のための観光案内人に要求していた。裁判所は、居住者と非居住者とのこの差別は合理的根拠がなく、それゆえに平等条項とは調和しない、と判断した[294]。ブラックバーン事件（*State v. Blackburn*）[295]においては、ガソリンの価格看板が一定の大きさでありかつ道路から一定の距離でなければならないことを要求するある制定法が、それがある特定の小売商に差別的に課せられているという理由で無効と判断された。また、先に取り上げたペレス対リッポルド事件（*Perez v. Lippold*）[296]における混血法は、それが何らの適切な目的に役立たないという理由ばかりでなく、一定の人種に対して不当に差別をしているという理由からも憲法違反である、と宣言された。これらのケースは、一定の活動によって惹起されると見込まれる社会的侵害の存在が刑事制裁を正当化するために必ずしも十分でないという事実の十分な証拠となる。個人および社会の利益は、憲法によって評価されなければならない。もしそれらが何らかのより高次の利益に抵触しなければ、それらは刑法上の保護を受けるのである。

先に述べたように、前世紀の伝統的な形法は、着実に増加する多数の公共福祉犯罪によって発展した。このことは、現代の国家、社会および経済の社

---

(292)　また、De Jonge v. Oregon, *supra* note (244) をも参照。
(293)　175 N. Y. S. 2d 125 (1958).
(294)　また、Wormsen v. Moss, 177 Misc. 19, 29 N. Y. S. 2d 798 (1941); Schrager v. City of Albany, 197 Misc. 903, 99 N. Y. S. 2d 697 (1950) をも参照。
(295)　*Supra* note (267).
(296)　*Supra* note (283) をも参照。

(3) 侵害 —— その憲法上の評価：法益の価値的側面

会学的構造と社会的目的とが、公衆の健康、安全、および一般的福祉の保護のために制裁を要求したという事実に起因したのであった。まったく当然のことながら、あまりに展開が速かったので、立法機関は、ときどきその限界を超え、実際上、まったく有害でない諸活動を禁止したり、もしくはその侵害を防止するのに効果的でない手段を使ったりした。そのような状況に直面して、裁判所は、ついに次のように取りなした。すなわち、そのような制定法の効率および合理性をコントロールするために裁判所が一般的に用いた原理は、功利性原理と必要性原理であった。スコット（Scott）教授は、それについて注意を喚起した最初の人であったように思われる[297]。同様の強い注意は、ミューラーによっても払われたが、彼は、ホールの刑法の一般原理に関連してそれを評価したのであった[298]。

　確かに、必ずしもすべての裁判所がこの原理を承認しているわけではない。いくつかの裁判所は、不要で非効率な刑法の諸規定を排除することが裁判所の機能ではないという立場をとっている。キッシンジャー事件（United States v. Kissinger）[299]において、第3巡回裁判所（the Third Circuit Court）は、「……州際通商条項（the commerce clause）の下での特別な制定法が合理的に必要なものであるかどうかは、裁判所が決定すべきではない。」と判示した。また、アドラー事件（People v. Adler）[300]においても、裁判所は、立法機関の専属的業務である立法の英知、必要性、もしくは適切さについて検討する裁判所の裁判権を否定した。それにもかかわらず、裁判所は、当該規制が健康目的に役立つという結論のための「何らかの合理的根拠」があるかどうかを決定したのである[301]。

---

(297) Scott, *Constitutional Limitations on Substantive Criminal Law*, 29 ROCKY MT. L. REV. 275, 280-83 (1957).
(298) 34 IND. L. J. 206, 224 (1959).
(299) 250 F. 2d 940 (3d Cir. 1958).
(300) 177 N. Y. S. 2d 361 (1958). また、Defiance Milk Product Co. v. Du Mond, 309 N. Y. 537, 540, 132 N. E. 2d 829, 830 (1956) をも参照。

第 3 章　法益の構造

　概して、裁判所は、刑事規制が完全に不要であるかまたは無益であれば、徐々にそれらを無効にする傾向にあるように思われる。しかしながら、功利性の検討の根底には、様々な考慮がある。ネビア事件（*Nebbia v. New York*）において、連邦最高裁判所は、「選択された手段は、獲得されるべく求められた目的との現実的および本質的関係を有するべきである。」[302]と述べた。ニュージャージー州上位裁判所は、「警察権の行使を始める必要性のひとつとの適度な関係」を要求している[303]。他の裁判所は、「合理的関係」[304]について論じ、あるいは、規制は「共通善にとって必要」でなければならない[305]とか、「共同体の人民の公衆の健康、安全、道徳、または一般的福祉を促進する適度の必要性」がなければならない[306]、と論じている。同様に、一定の憲法上の諸規定について行われる参照［の判例］は、見解が分かれている。いくつかのケースは、単に、憲法をまったく参照していない[307]か、または一般的に参照していても、「市民の特権および免除」に依拠しているにすぎない[308]。他の諸ケースは、平等保護条項に訴えている[309]。それにもかかわらず、ほとんどのケースにおいては、規制の有用性ないし適度の必要性の欠如が、デュー・プロセス条項に抵触すると判断された[310]。このことは、実際上、不要かつ不十分な犯罪諸規定を無効にするには最善の理由であ

---

(301)　ミューラーもまた、司法による効利性の吟味が一般に承認されるべきかどうか、疑念を抱いているように思われる。しかし、現在の立法者の実践にもかかわらず、彼は、裁判所に対して、立法上の英知に関してダブルチェックをする権利を否定しないであろう。*supra* note (298), at 225 参照。
(302)　291 U. S. 502, 525 (1934).
(303)　State v. Western Union, 13 N. J. Super. 172, 80 A.2d 342 (1951).
(304)　State v. Blackburn, *supra* note (267).
(305)　City of Miami Beach v. Ocean & Inland Co., *supra* note (274).
(306)　Miller v. Board of Public Works, *supra* note (263).
(307)　Wisniewski v. United States, *supra* note (279) ; State v. Varsalona, *supra* note (280).
(308)　State v. Gilman, *supra* note (261).
(309)　People v. Bowen, *supra* note (293); Henderson v. Antonacci, *supra* note (272).

(3) 侵害 —— その憲法上の評価：法益の価値的側面

るように思われる。もし、禁止された行為が実際上無害であったり、その規定がとにかくその侵害を防止することができなければ、その違反者から生命または財産を剥奪することは、ほとんど意味がなくなる。そのような場合に制裁を科すことは、デュー・プロセス条項と相容れない[311]。

おそらく、われわれは、刑法学の観点から功利性原理および必要性原理を考えるべきであろう。強力な統治者らが現実的もしくは想像される害悪に対する闘いを誇張しようとする自然な誘惑に抵抗するのが困難だということに気づいてしまっていること、このことは認めざるをえないけれども、刑法および刑罰は有益かつ有効な場合にだけ用いられるべきであるというわれわれの主張は、刑法それ自体とほとんど同様に古くからの確信である。とりわけ、チェザーレ・ベッカリーア (Cesare Beccaria) は、できるかぎりの刑罰の謙抑性を要求した[312]。近年、カナダの学者 R・S・マッキー (R. S. Mackay)[313] とドイツの刑法学者ヴァルター・ザックス[314]は、刑法による手段は、防止されるべき行為が刑事制裁によって抑制されうるしまた抑制されるべき場合にのみ正当化されるにすぎないことを強調したところである[315]。また、ミ

---

(310) State v. Blackburn, *supra* note (267); State v. Williams, *supra* note (289); Town of Miami Springs v. Scoville, *supra* note (290); People v. Arlen Service Stations, 284 N. Y. 340, 31 N. E. 2d 184 (1940); Nebbia v. New York, *supra* note (302); また、Mugler v. Kansas, *supra* note (260); Hagar v. Reclamation District, 111 U. S. 701 (1884) をも参照。

(311) 16A C. J. S. *Constitutional Law* § 567 (1956) におけるデュー・プロセス条項の解釈参照。デュー・プロセス条項は、「政府が、何らかの適切な政府の目的に対する合理的関係のない行為あるいは政府の権力の専断的行使となるくらいにそのケースの必要性を超える行為によって、ある人から生命、自由、もしくは財産を奪う権利はない、という意味に解釈される。」とする。

(312) VON BAR, 1 HANDBUCH DES DEUTSCHEN STRAFRECHTS 332 (1882) 参照。

(313) 新しいカナダの刑法典に関する彼の意見 12 TORONTO U. L. J. 206, 210 (1957/58) にある。

(314) SAX, *op.cit. supra* note (246), at 924-26.

(315) また、ESER, *op.cit. supra* note (237), at 149-51 をも参照。

第 3 章　法益の構造

　リオン（Million）教授も、不要と思われる制定法もしくはその法律が向けられているであろう目的との明確な関係を持たない制定法を、刑法による強制（criminal enforcement）に値しないものと考えている[316]。これらの権威の見解では、ますます裁判所は、その強制が無益か不要かになるであろう刑事規制を無効とする勇気を持つであろうことが期待されている。

　たとえ裁判所が通常はこの区別に基づいて判決を下さなくても、功利性原理と必要性原理を 2 つの主要原理に分けることは、可能でもあるし有用なようにも思われる。この区別によれば、刑法の規定は、もし次のようであれば、功利性と必要性の要件と調和しない。

1　禁止された行為が、公共福祉立法の目的のひとつと何らかの現実的もしくは本質的関係を持たない、または、
2　それらの利益のひとつに対する侵害を防止すべく用いられる犯罪規定が、実際上、制定の狙いとされた保護を実現することができない。

　公衆道徳に関して禁止された行為から想像された効果が否定されたケースは、聖ルイス対フィッツ事件（*St. Louis v. Fitz*）[317]であった。本件では、ある制定法が、「窃盗および売春婦であるとのうわさのある人々と故意に交際すること」を犯罪としていた。しかしながら、裁判所は、刑法によって制裁されるのに十分に実質的な侵害があるとは認めなかった。マイヤー事件（*Meyer v. Nebraska*）[318]においては、ある教師が現代語を教えることを禁止されていたのであるが、裁判所は、公共福祉利益が現代語を教えることによって必然的に侵害されるであろうとの主張を否定した。ウィリアムズ事件（*State v. Williams*）[319]においては、すべての人々が、「いかなる日でも、半ガ

---

(316)　Million, *supra* note (251), at 477, 480.
(317)　53 Mo. 582 (1873).
(318)　262 U. S. 390 (1923).
(319)　*Supra* note (289).

(3) 侵害——その憲法上の評価：法益の価値的側面

ロン以上の葡萄酒、蒸留酒、もしくは麦芽酒をバーク地区へ持ち込むこと」を禁止されていた。裁判所は、この規定は、法律によって禁止される程度の酒の販売との適切な実質的関係がないことを認めた[320]。広告標識が公衆の安全、健康、道徳、あるいは福祉に対して何ら有害な効果もなく、また適切な関係にないという理由で広告標識の制限が憲法違反と判断されたケースは、レヴィ事件（*Levy v. City of Pontiac*）[321]、ミラー事件（*State v. Miller*）[322]、およびブロック事件（*Serve Yourself Gasoline Stations' Ass'n v. Brock*）[323]の諸ケースである。

われわれは、今や、犯罪規定が、有害な行為に対して向けられてはいるけれども、その侵害を防止する有効な手段ではない諸ケースの議論の方に行くことにしよう。上述のような理由で、少年犯罪を抑制することを目的とするある条例は、アルヴェス事件（*Alves v. Justice's Court*）[324]において無効とされた。なぜなら、同条例は、たとえ未成年者が害意なく仕事をしていたとしても消灯法（curfew laws）違反で未成年者を処罰していたからである。イリノイ州では、公衆の安全の保護を目的をしたある制定法が、ある人が武器を隠し持っているとか慣習法違反者であるという世評を有していることを犯罪としていたが、ベルカストロ事件（*People v. Belcastro*）[325]において無効と判断された。リーガル・オイル社事件（*Regal Oil Co. v. State*）[326]においては、あ

---

(320) 同旨、Eidge v. City of Bessemer, *supra* note (282); State v. Gilman, *supra* note (261).

(321) 311 Mich. 100, 49 N. W. 2d 80 (1951).

(322) 126 Conn. 373, 12 A. 2d 192 (1940). しかし、Slome v. Godley, 304 Mass. 187, 23 N. E. 2d 133 (1839) および類似の制限が支持された Merit Oil Co. v. Director of Division of Necessaries of Life, 319 Mass. 301, 65 N. E. 2d 529 (1946) をも参照。

(323) 109 Cal. App. 2d 698, 241 P. 2d 597 (1952).

(324) 148 Cal. App. 2d 419, 306 P. 2d 601 (1957).

(325) 536 Ill. 144, 190 N. E. 301 (1934).

(326) 123 N. J. L. 456, 10 A. 2d 495 (1939).

第 3 章　法益の構造

る制定法が、一定のサイズのガソリン価格看板がポンプの上に置かれることを要求し、そして、その所有地の他のいかなる部分にもそのような看板を出すことを禁止していた。その制定法は、このサイズの看板が実際上公衆の欺罔、不正行為、もしくは虚言を防止するという証明がないという理由で、憲法違反と判断された[327]。バランス事件（State v. Ballance）[328]においては、すべての職業写真家が、善良な道徳的性格にいく分か条件づけられた認可を有することが要求されていた。裁判所は、提案された諸目的を促進する同法の有効性を否定し、そして、認可を認める前に写真家の精神的ないし道徳的適正さを調査することは必要でもないし有益でもない、と判示した。

　一見すると、何故に功利性原理が法益の価値的側面に関連して、またそれと関係して扱われたのかは、明確に理解されていないかもしれない。それらの間に、現実的関係はあるのか。功利性思想は、純粋な憲法上の概念である。しかしながら、まさしくその憲法上の性格のゆえに、功利性思想は、法益の規範的評価にとっても重要なのである。法益はまずは個人的もしくは社会的財であり、そしてそれからそれらは憲法上の評価を受けなければならないということ、このことが示されてきたのである。かくして、個人的または社会的財は、それらが憲法の価値体系と調和するかぎりでのみ法的に承認されうるのである（そしてこのようにして刑法上も保護されうるのである）。憲法上の吟味のこのプロセスにおいて、功利性原理は、まさしく、価値秩序の統合性と機能化を確保するのに用いられる手段のひとつとなるのである。功利性原理は、実際上それらの価値との適切な関係を有しない犯罪規定による濫用から憲法上の諸価値を保護しなければならない。かくして、功利性原理は、実際上、現実には保護されるに値しない利益の保護を防止することができるのである。このようにして、功利性原理は、法益の適切な憲法上の評価を担保するもののひとつとなるのである。

---

(327)　同旨、State v. Blackburn, *supra* note (267).
(328)　229 N. C. 764, 51 S. E. 2d 731 (1949).

第4章
侵害の最終的定義 ── 結語

(1) 「法益」および「侵害」の意義

　別々の側面から侵害の性質および構造を分析し終えたので、侵害の概念およびその構成部分のコンパクトだが包括的な定義を獲得する試みを行うことができる。刑法上の侵害の観念が受けてきた様々な誤解および誤認を想起すると、われわれは、いくつかの注意点を心に留めておかなければならない。

　一方で、侵害（harm）の定義は、窃盗および謀殺に関する侵害と同様、租税犯罪もしくは公共福祉犯罪に関する侵害という具合に、あらゆるタイプの刑法上の侵害を含むのに十分なほど広くなされなければならない。様々な侵害の重さと意義は異なるかもしれないけれども、それらは、その性質および構造に関するかぎり、類似している。このことは、また、実害犯（crimes mal in se）と形式犯（crimes malaprohibita）に関しても当てはまる。それらの社会的インパクトの程度は本質的に異なるかもしれないけれども、それらの侵害の性質は同じである。すなわち、すべてのものが、ある法益の危殆化もしくは破壊という要素を含んでいるのである。

　他方、侵害は、あまりに一般的に定義されてはならない。われわれが論証してきたように、侵害は、単なる形式的な法律違反以上のものである。同様に、侵害は、行為者の主観的倫理的無価値以上のものである。侵害は、それ自体として、消極的意味しか持たないのである。侵害は、何らかの有価値なものの破壊の危険性あるいは破壊それ自体を示している。それゆえ、侵害は、違法な行為によって損傷される物質的客体に関係づけられなければならない。違法行為が危害を加える物質的客体に関連して考慮がなされさえすれば、侵害は、より積極的な方法で記述される。

111

第4章　侵害の最終的定義――結語

　刑法上の侵害が向けられる物質的客体は、法的に保護された利益の中に見いだされる。ここから、刑法上の侵害は、それぞれの刑法上の諸規定の法益の否定、危殆化、もしくは破壊として特徴づけることができる。侵害の観念と法益とのこのような密接な相互依存のために、侵害の定義は、最終的に、法益の確定に依存するのである。

　この点で、主な問題点は、明白である。法益は、過度に抽象化されると、基本的な諸々の価値ないし理念とみなされる危険性がつねにある。とりわけ、ジェローム・ホールは、刑法上の侵害の触知不可能な性質を強調することによって、法益は純粋に観念論的な存在の一般的価値以上のものではないという観点に近づいた。刑法上の侵害の非実体性（incorporeality）を過度に強調することによって、法益の実在的、社会学的基盤を見落としてしまう。行政機関の機能化について政府の利益および価値といったようなより一般的な性質の利益および価値が、市民の公僕の廉潔性、行政措置への服従、公的制度の不可侵性等のような多くのより小さな利益へとしばしば分類されうるという事実を書き留めておくことも、重要である。より基本的な利益が調和させられかつより特殊な利益によって保護される調和のこのような必然的プロセス[329]は、法益概念が、保護されるべき利益の社会学的基盤の中に根づいているという多くの徴候のひとつにすぎない。しかしながら、もし法益概念が、一般的に考えられている触知不可能な普遍的価値を直接的に志向するなら、刑法という武器は、社会の現実的必要性を見落とす危険性がある。

　しかしながら、法益の社会学的側面を過度に強調する他方の極端なものも、同様に誤りである。この誤りは、ビューテルによってなされたわけであるが、彼は、法の規範的、選択的機能を承認することができず、その結果、あらゆる社会的な要求、願望、もしくは必要性が法的に保護されるべきである、と主張したのである。

　われわれの見解では、法益の性質の確定への正しいアプローチは、社会学

---

(329)　SAX, *op.cit. supra* note (246) 参照。

(1)「法益」および「侵害」の意義

的基礎と規範的憲法的価値の両方の統合的結合である。社会学的基礎という要件は、個人、社会団体、もしくは国家の、一定の社会学的に基礎づけられた利益が、立法府が何らかの刑法上の手段を提供する前に存在していなければならないことを要求する。

　そのような利益は、必ずしも身体、住宅、金銭、もしくは水のような外的性質の、物理的に触知可能な要素ないし財である必要はない。より精神的ないし知的な性質の財、条件、および関係もまた、保護可能な利益の基体となるかもしれない。例えば、受託者（trustee）と受益者（beneficiaty）との間の信頼、文化的および宗教的諸制度、もしくは都市の美的な建築基準、日曜日の市民の安息、もしくは自由競争の維持だとか一定の職業の名声といったようなその他の有価値な事実の状況および組合せ、がそれである。しかしながら、法益の価値的側面によって示されるように、単なる社会学的存在だけでは、刑法上の保護を正当化しない。それは、また、憲法によって創出される価値秩序の見地からも評価されなければならない。憲法の精神および諸原理と調和したそれらの利益のみが、法的に承認されうるのであり、もしくは、消極的に言えば、一定の憲法上の価値との規範的関係を有しないすべての利益もしくは憲法上の価値秩序の外にあるすべての利益は、その社会学的基盤がいかに強固でも、刑法上の保護を獲得しえないのである。

　どちらかといえば図式的な以上の概要において、われわれは、その事実的基礎と法的評価を分かつ法益の一側面、すなわち社会的承認という状況を顧慮してこなかった。換言すれば、事実的利益は、必ずしもそのまま法的評価へと昇進するのではない。むしろ、事実的利益は、社会的承認というフィルターを通過しなければならないのである。その結果、社会的承認に値するような有価値にして重要な利益のみが、最終的に法的承認と刑法上の保護を獲得することができる、ということになるのである[330]。

　かくして、一定の社会的ないし個人的欲求あるいは必要性が刑法上の制裁を備えることになるプロセスへと導かれる道筋は、3段階を辿る。第1に、社会的に基礎づけられた事実的利益がなければならない。第2に、この利益

113

第 4 章　侵害の最終的定義——結語

は、社会的に承認されなければならない。そして第 3 に、それが憲法上の価値秩序と矛盾しないことが論証されなければならない。その場合にのみ、この利益は、刑法上保護されてよいことになるのである。

　法益の二元的、統合的構造および法益の社会的承認の 3 段階プロセスに基づいて、侵害および法益は、次のように定義することができる。刑法上の保護に値する「法益」は、もしそれが社会的に承認され、かつ憲法によって定礎されたような精神および価値秩序と調和すれば、個人、社会集団、または国家のいかなる事実的利益または財であってもよい。したがって、「刑法上の侵害（criminal harm）」は、そのきわめて一般的な意味においては、社会的に価値があり、憲法と調和し、そしてそれゆえに刑法上の制裁によって保護されるところの、個人、集団、または国家の利益の否定、危殆化、もしくは破壊である。要するに、「刑法上の侵害」は、社会的におよび憲法上承認され、かつ刑法上制裁を備える事実的利益に対する現実的または潜在的損害である。

(2)　刑事立法のための帰結

　犯罪の本質的要素のひとつとしての侵害の理論的分析は、本研究の第 1 の目的であったけれども、それは、唯一の目的ではなかった。われわれは、また、立法府が一定の行為を違法でありそれゆえに可罰的であるとみなす拠り所となる諸原理を発見しようと意図したのでもあった。

---

(330)　しかしながら、「社会的承認」は、社会全体の認知および承認という要件を意味しない。これは、もちろん、その利益が確実に一般的に承認されている伝統的なコモン・ロー上の犯罪では存在する。しかし、それは、その目的があまりにも技術的であるため、それらの価値が平均的市民にとってはわかりにくい現代的公共福祉犯罪にはそぐわない。しかし、ここでは、保護されるべき利益が客観的に社会的に重要であるということで十分である。これらのケースでは、一般的な社会的承認は、当該公共福祉問題の部門の専門的行政官によって代行される。ESER, *op.cit. supra* note (237), at 173-76 参照。

(2) 刑事立法のための帰結

　侵害は、メ̇ン̇ズ̇・レ̇ア̇という主観的要件から区別されるものとしての犯罪の客観的、実質的要素であるがゆえに、われわれの研究の出発点は、一定の行為が、もし一定の刑法上の侵害を惹起するのでなければ、真に犯罪的と呼ぶことができない、ということでなければならない。このことは、立法府が刑事制裁を創設することによって一定の作為または不作為を禁止する前に、禁止されるべき行為から潜在的に生じる侵害の可能性をまず証明しなければならないということを意味する。刑法上の侵害は、ある法益の損傷であるがゆえに、行為は、それがある法益に損害を与える場合にのみ有害となるにすぎない。それゆえ、立法者は、彼が保護しようと望んでいる客体が実際上法的に保護可能な利益であるかどうかを検討しなければならないのである。

　法益の二元的性質に従って、また、法益の承認の3段階プロセスを顧慮して、立法者は、以下の3つの点を立証しなければならない。第1に、立法者は、保護されるべき客体が現実の利益であって、単に主張され、想像され、もしくは偽装された利益ではないことを確定しなければならない。万人が、純粋に私的な欲求を保護するために政府の強力な権力を要求する傾向にあるとき、現実に刑事制裁が必要かどうかを検討することは、これまで以上に重要である。あまりにもしばしば刑罰権は、何らの現実的な公的または私的な必要性を充足させることのないまさに自己主張の手段にすぎないことがある。これらのケースでは、立法府は、社会学的に事実的な必要性もしくは欲求がないため、刑法の手段を控えるべきである。等しく重要なのは、主張された利益の社会的承認の検討である。ある利益が社会全体にとってまたは社会の構成員のある者にとって有価値なものとして社会的に承認されなければならないということは、社会全体もしくは国家の利益のみが保護に値するということを必ずしも必然的に意味するわけではない。反対に、財産利益のように完全に個人的な権利も、十分に刑法上の利益に値しうる。しかしながら、いかなる利益（国家の利益および国民の利益）も、それらが社会的に重要である場合にのみ保護されてよいのである。刑罰と社会的インパクトにおいて同等の諸制裁は、刑罰の創設が守ろうとしている利益が社会的に有価値で

第4章 侵害の最終的定義 ── 結語

ありかつ重要であると考えられうる場合にのみ正当化されるにすぎない[331]。それゆえ、個人的利益もまた、その利益が刑法上の保護に値する以前に、社会的な注目および承認を得なければならないのである。さらに、第3段階を踏まなければならない。すなわち、主張される利益は、社会的に保護可能であると認められるけれども、最終的には憲法に照らして評価されなければならない。これは、憲法上の評価の規範的段階である。最高に社会的関心のある必要性ないし願望であっても、もしそれらが憲法秩序の価値に合致しなければ、刑法上是認されてはならない。憲法上の精神との調和こそが、その利益に、その法的・憲法的価値を与えるのである。

立法府は、もしこの行為が向けられる客体が法益でないとすれば、その行為を処罰してはならない、というのがわれわれの理解である。このことは、もし保護される客体が法益のこれら3つの基準を充足することができない場合、刑法上の規定の適用可能性についていかなる実践的効果をもたらすであろうか。事実的・社会学的側面については、もし刑法上の規定が社会的に承認されかつ保護に値する利益に役立たなければ、刑事制裁は、正当化されない。その刑事制裁は、デュー・プロセスもしくは正当な理由なしに「犯罪者」から生命、自由もしくは財産を剥奪するがゆえに、無効と判断されなければならない。法益の価値的側面、すなわち、法益の法的・憲法的評価については、立法府は、主張されている社会的に承認された利益の保護が憲法と調和しているかを検討しなければならない。もしそれが憲法と調和していなければ、刑事制裁は憲法違反となる。

(3) 侵害要件の司法審査

立法府は実際上ある法益に対して有害であるような行為に対してのみ刑事制裁を規定してもよいとするわれわれの提案は、もしそれが適用について立

---

(331) しかし、*supra* note (330) と比較せよ。

(3) 侵害要件の司法審査

法者に排他的に委ねられてしまうならば、単なる標語、空虚な警告にすぎなくなるであろう。もし、犯罪概念の一要素としての侵害要件が実践的効果を与えられるべきだとすれば（そして、それを真剣に考えようとしなければ、なぜわれわれはそれを刑事責任のひとつの原理として確立すべきなのか）、われわれは、適用が実際上コントロールされかつ実施されるためのもっとも効果的な手段を探し求めなければならない。立法者は、ある可罰的な侵害を惹起しそうな行為に制限することにやぶさかでないかもしれないけれども、あれやこれやのケースにおいて立法府は、当該行為の事実上の無害性を承認しないことはありえないことではない。そのようなケースにおける処罰は、しかしながら、いかなる法益にも危害を加えない行為について「違反者（perpetrator）」が処罰されるということを意味するであろう。そのような不当な結果を回避するために、刑罰法規は、裁判所によって審査可能でなければならない。きわめて誠実な立法上の努力にもかかわらず、侵害は、絶えず、無視される危険に晒されるので、司法審査（judicial review）は、立法府が侵害原理に従うことを保障するために唯一の方法である。

司法審査の実践的適用の議論は、次の２つの異なったカテゴリーのケースを考慮しなければならない。

(a) 不法とされた行為が本質的に法益に対していかなる侵害も行うことができないか、または行いそうもない状況。および、
(b) 禁止された行為が一般的には侵害を行うことができるが、しかし、法廷での特殊なケースでは、禁止された侵害は、実際上成し遂げられない状況。

刑法上の規定が本質的に刑法上の侵害を防止することすらできない状況は、以下の３つの態様で生じる。

1. 刑罰法規が、現実の必要性もしくは利益を示していない目的に役立つ

117

第4章 侵害の最終的定義 ―― 結語

　か、もしくは、
2. その目的が、社会学的事実的利益に役立つけれども、法的に保護されるほどに社会的および一般的に重要であるとは共同体によって承認されないか、もしくは、
3. ある利益が、社会によって承認されているけれども、それが、より高次に位置する憲法上の諸々の価値もしくは原理と矛盾するがゆえに、もしくは、功利性および必要性原理と矛盾するがゆえに、憲法の中には含まれていない。

　これらのケースにおいては、法益は実際上現在しないので、禁止された行為は、実際上、何ら違法な侵害を行わないであろう。結果として、処罰すべき正当な理由はないといえよう。そういう理由から、裁判所は、そのような刑法上の禁止を無効と宣言する権利を有するべきである。
　一般に、おそらくは一定の刑法上の侵害を防止することが完全に可能であるが、しかし特殊な状況下では、それらの規定の形式的違反が、防止されるべき侵害を惹起しないような諸規定が見られるのは、とりわけ公共福祉犯罪の領域においてである[332]。
　当該問題は、現代型生活の結果である。初期の刑法の時代においては、共同体およびその構成員の基本的な権利および利益が公的保護の客体であって、刑法の規定の違反が、その保護のためにその規定が作られているところの利益の危害を含まないということは、めったになかったであろう。しかしながら、現代のテクノロジーおよび立法は、生活をより洗練された複雑なものにしてしまった。有害結果の現実の原因を確定することは、しばしばきわめて困難である。これを確定することなくして、いかにして「有害な」行為と「無害な行為」とを見分けることができるのか。それゆえ、法律は、おそらくは危険であろうとされる行為の集塊全体を一般条項によって禁止するこ

---

　(332)　これらのケースの詳細については、前出・第3章参照。

(3) 侵害要件の司法審査

とができるにすぎない。

　ある種の行為を不法とするこのような無差別の方法においては、完全に無害な行為もまた禁止してよい、ということも考えられる。例えば、道路の左側を運転することを禁止する制定法においては、保護されるべき利益は、交通安全である。この公共利益は、もし誰かが道路がまったく交通のない間に左側を運転したとすれば、本当に侵害されるのであろうか。通りが完全に空いているときに、赤信号を無視して交差点を横切る場合の侵害とは、何なのか。これらの状況および多くの類似の状況において、われわれは、禁止された行為が現在していてもその制裁が防止しようとしている侵害が実際には生じていないという驚くべき観察結果に直面する。この場合、犯罪者は、禁止された侵害を惹起しないけれども、それにもかかわらず法律違反で処罰されるべきかどうか、という難問題が生じる。

　一方で、処罰に反対して、国家は実質的侵害を被っていないのだから処罰すべき正当な理由を有していない、という論拠を提起することができるであろう。政府は、純粋な不服従をはたして制裁してもよいのか。それは、実際上、ヴィルヘルム・テル（Wilhelm Tell）に帽子を脱いで敬意を表するよう命じたゲスラー（Gessler）の不正と同種の不正ではないのだろうか。これは、デュー・プロセスの概念と矛盾しないのか。他方、処罰に賛成するとすれば、法律違反は、少なくとも立法目的の無視とならないのか。その法律もまた、形式的に違法な行為により危険に晒されるのではないか。

　本研究の限られた射程内では、完全な解答を試みることは不可能である。これは、国家の刑罰権の問題についてのみならず、国家と個人との一般的関係についてもより詳細な調査を必要とするであろう。それゆえ、原則的にひとつの解決策だけが試みられるであろう。確かに、ある者が実際に惹起したのではない侵害について、その者を処罰することは不当であろう。しかしながら、法律違反を否定したり無視したりすることもまた間違っている。これは、社会的危険性なければ ── 違法性なければ ── 犯罪なし、という違法性についての社会主義者の見解となるであろう。しかしながら、われわれ自身

119

第 4 章　侵害の最終的定義 ── 結語

の理論によれば、法律違反は、たとえこれが形式的違法性にすぎないとしても、違法となる。われわれの刑罰司法システムにおいては、侵害という実質的要素は、犯罪の唯一の要素ではない。実質と形式がともに犯罰行為を構成する。かくして、禁止された一定の行為がたとえ禁止された結果を創出しなくても、それにもかかわらずその行為は、法律を犯しているのである。それゆえ、形式的に違法な行為をまったく何も生じなかったものと考えるのは、誤りであろう。

　もちろん、その制定法がそれ自体、適切な目的に役立つがゆえに、その制定法が無効であるという解答にはなりえない。このディレンマについては、2つの異なった解決策がある。すなわち、違反者は、特別の侮辱規定により法律の侮辱について処罰されてよいとし、かくしてその禁止を無視したので彼は形式的には違反であるが、侵害が欠如するので実質的には違反していないとするか、もしくは、犯罪者は、ドイツ刑事訴訟法第 153 条[333]類似の手続規定により起訴猶予を受けてよいとするか、である。この手続規定の類推適用により、政府は、形式的には犯罪定義の用語の範囲内にあるけれども刑事制裁が予定されているほどの侵害を惹起しなかった行為を訴追しないであろう。かくして、国家は、形式的不服従を処罰する権利を放棄し、感知可能な侵害が欠如するということで起訴猶予にするであろう。この手続装置により、形式的法律違反は否定されないであろうし、他方、違反者は、犯罪者として扱われることもないであろう。

---

(333)　この規定の完全なテキストは、*supra* note (85) に掲げてある。この規定によれば、犯罪者は、もし彼の有責性および彼の行為の結果が軽微であれば、無罪放免とされる。

◆ 結　論 ◆

　われわれがまさしく簡潔に扱ってきた諸問題は、侵害要件が理論だけの問題ではなく、きわめて実践的にも重要な原理であるということを実証するものであった。さらにそれ以上に、侵害要件は、犯罪の他の様々な諸要素の解明と確定にとっても、きわめて重要である。例えば、可罰的未遂と不可罰的違反との間の決定的な境界線は、もし当該法益にもっと注意が注がれれば、もっと容易に発見されうるであろう。同じことは、それがメンズ・レア概念における「不法を為すことの認識（awareness of wrongdoing）」にとって重要であるように、難解な「不法を為すこと（wrongdoing）」の確定にも当てはまる。また、被害者の承諾の問題も、違反者が損傷を加えた法益を考慮することなくして、満足のいく解決を図ることはできない。法益と包括一罪（mergers）および二重の危険（double jeopardy）の問題との間にある密接な関係を調べることも、興味深いであろう。

　侵害原理のこれらの意味合いのすべてを探求するには、おそらく膨大な研究を必要とするであろう。しかしながら、もし本研究が、刑事不法の実質としての、実質的違法性の支柱としての、したがって、メンズ・レアという主観的人格的要素に加えて犯罪の客観的な存在根拠（*ratio essendi*）としての侵害の卓越した重要性を明白なものにしたのであれば、本分析の限定された目的は、達成されている。

＊本論文の準備にあたりきわめて貴重な示唆と援助を賜ったことにつき、ニューヨーク大学のジェラード・O・ミューラー教授（Professor Gerhard O. W. Mueller）とネブラスカ大学のテニー教授（Professor Tenney）に感謝申し上げたい。

第 2 部

法益と被害者
――他方を犠牲にして一方をより高めることについて――

序 —— 個人的はしがき

「汝が他者から盗むならば、汝自身から盗むのである」。エルンスト-ヨアヒム・メストメッカー（*Ernst-Joachim Mestmäcker*）の祝賀論文集への寄稿の誘いが来たとき、私は、まさにカントのこの思想[1]と格闘していた。偶然か、それとも宿命か。この種の問題は、当然ながら、何ら証明力ある解答を与えられないとしても、やはりこの一致によって、彼の側でこのテーマへと私を動機づけたいくつかの思い出が呼び起こされる。そのことは、彼の対話のパートナーたちに、それまでどちらかといえば閉鎖的であった精神的世界を繰り返し開いてきたというメストメッカーの影響力の歴史でもあるがゆえに、言及しておくに値することのように私には思われるのである。それゆえ、私が1970年代はじめまでビーレフェルト大学法学部の若き同僚として、ホルテ城（Schloß Holte）におけるあの伝説上の法の理論・哲学の対話の夕べ（rechtstheoretisch-philosophische Gesprächtabenden）に招待されたとき、私にもその影響が及んだといえる。すなわち、そこにおいて、それまで経験したことのない強烈なインパクトをもって、最近の法哲学的根源に至るまでの法哲学の諸問題が探究され、その際に、とりわけカントも、法律家にとってどちらかといえばほとんど「博物館的な」遠い過去のものから、いわば生き生きと対話のパートナーとされたのであった。その際に、あたかも刑法上の問題設定など重要でなかったかのようであった。しかし、法律家に

---

* 資料の収集および選別に際しての共同作業について、私は、レフェレンダーのアクセル・ホイザーマン（*Axel Haeusermann*）氏と司法試験受験者のマリウス・コーラー（*Marius Kohler*）氏に特に感謝しなければならない。
(1) カントの第2の提言命法の書き方およびコンテキストについては、後出注(20)参照。

序　個人的はしがき

とっても、たとえそれが、決して終わることのない「なぜ (Warum)」というちくちくした痛みによって性急な自信に抵抗力を与えるためのものであったにすぎないにせよ、哲学者との討論は実にやり甲斐があったということは、あの対話の忘れられない経験である。

今や、カントとメストメッカーとの関係を打ち立てることは非常に簡単であるが[2]、さらに、もうひとつ刑法との —— そしてそれゆえに私の固有の研究領域との —— 橋渡しをすることもまた、非常に困難なように思われる。しかも、市民社会とその法についてのカントの見解に立ち返ることのできるメストメッカーの主張、すなわち、「市民間の紛争は、一次的には、それが発生するところで決定される（べきである）」[3]という主張を意味に即して刑法に転用するときに、この橋渡しも可能となるのである。なぜなら、そこにおいて求められている市民の立場 (Bügernähe) と国家の任務の限界づけによって、現在の刑事政策が決して支配し切れていないような別のテーマ、すなわち、「行為者と被害者の和解 (Täter-Opfer-Ausgleich)」という形式での当事者間の紛争の決着というテーマが要求されるからである。それによって、被害者もまた、—— 他の理由であれ、ここではこれ以上追求できない —— ルネサンスを体験しており[4]、その新規さは、もちろんまだあらゆる視点においてくまなく光を当てられているわけではない。その問題へのある寄

---

(2)　最近では、*E.-J. Mestmäcker*, Aufklärung durch Recht, in: H.-F. Fulda/ R.P. Horstmann (Hrsg.), Vernunftbegriffe in der Moderne, Stuttgart 1994, S. 55-72、ならびに後出注(2)で挙げられた文献参照。

(3)　*E.-J. Mestmäcker*, Die Wiederkehr der bürgerlichen Gesellschaft und ihres Rechts, in : Jahrbuch der Max-Planck-Gesellschaft, München 1991, S. 24-36. 同所では、以下の文言が述べられている (S. 34)。「市民間の紛争は、一次的には、その葛藤が現存するところで決定されるべきである。それゆえ、法治国家は、歴史的に市民相互の関係において自由権の保障として、そしてまたこれに基づき国家に対しても自由権の保障として始まる。かくして、国家から自由な領域は、作られるべきでない。それどころか、重要なのは、市民の自由と合致するように国家の任務を限界づけることである」。

稿論文は、この点で、法益と被害者との関係を考慮しており、しかもとりわけ前述の冒頭のことを考慮してはいるが、しかしその関係を問題とするにあたり、明らかにカントの命題がなお十分には把握されていないまま論じられているのである。その際、本研究は、確かに、もはや具体的な被害者の役割および刑法上の不法の一部としての、その被害者の侵害の役割を最初に探究すること以上のものではありえないのである。こうした回想をするにあたり、そのアンビバレントな諸々の影響がこれまでなお十分には認識されていないと思われる展開を中心に据えるべきである。それは、すなわち、「法益（Rechtsgut）」を刑事政策的な方向づけのポイントとして、そしてまた同様に犯罪概念の実質的な対象として ── それ自体賞賛に値する ── 地位を確立することが、個々の被害者をマージナル化することにも、また刑罰を国家が独占することにも導いた、ということである ── それは、再考を必要とする誤った展開といえる可能性がある。それゆえに、ことによると、カント主義者としてメストメッカーによって正当にも想起させられたように[5]、市民に奉仕する法とそれゆえに正当化可能な国家の関係についての寄与もなしうるがゆえに、彼の70歳の誕生日に感謝の意を込めて、この ── 自ら認めているようにスケッチふうの ── 考察をメストメッカーに捧げたいと思う。

---

(4) 若干の点については、*A. Eser*, Zur Renaissance des Opfers im Strafverfahren. Nationale und internationale Tendenzen, in: G. Dornseifer u.a. (Hrsg.), Gedächtnisschrift für Armin Kaufmann, Köln 1989, S. 723-747; さらに *A. Eser, / G. Kaiser/M. Madlener* (Hrsg.), Neue Wege der Wiedergutmachung im Strafrecht, Freiburg 1992 における諸論文、ならびに *D. Frehsee*, Schadenswiedergutmachung als Instrument strafrechtlicher Sozialkontrolle, Berlin 1987, S. 1-11 掲載のその点まで公刊された文献の概観参照。さらに、── 特にいわゆる「被害者解釈学（Victimo-Dogmatik）」についても ── 後出注（104）,（108）以下掲載の文献参照。

(5) *Mestmäcker*, in: Fulda/Horstmann（前出注(2)）, S. 60.

第1章
人間共同体の解消としての犯罪

19世紀に法益概念が遅れて普及したこと、および20世紀にそれが凱旋行進したことは、——犯罪およびその制裁の構想から被害者を排除する効果と共に——法益のパラダイムの前提となっているのは何か、そしてそれは何に対して向けられているのか、ということを視野に入れなければ、理解できない。その点について犯罪概念およびその本質的内容の理論史にずっと広く立ち返ることができなくても[6]、「法益」は、とりわけフォイエルバッハ（Feuerbach）によってきわめて重要な地位を占めるほどに主張された「権利侵害（Rechtverletzung）」論の拒絶から展開されたかぎりで回顧が行われる。フォイエルバッハは、彼自身カントの理論に依拠してこの理論を構築したが、カントの理論自体は、自然法哲学および啓蒙主義哲学を背景にして理解することができるのである。それゆえ、この回顧の冒頭に、かの刑法構想について一瞥しておかなければならない。そして、その際、もちろん、ここでも、以下のように、特定の理論の個々の論者に——自ら認めるように主観的に——限定することしかできない。

被害者の視点から犯罪概念における被害者の役割を問うならば、それは、必ずしも十分に排除されない形で、ジョン・ロック（John Locke）における刑法の自然法的基礎づけの欄外の中に、すでに認めざるをえない。——自然状態から市民社会への移行を考慮した[7]——『市民政府論について（Of Civil Government）』（1689年）という論文において述べられているように、自然状態は、何人の生命、健康、自由、もしくは財産を侵害してはならないとい

---

(6) この点については、C. Roxin, Strafrecht. Allg. Teil, 2. Aufl. München 1994, S. 144 ff. およびそこに掲載されたその他の文献参照。

(7) この点については、Mestmäcker（前出注(3)）, S. 26 f. 参照。

第1章　人間共同体の解消としての犯罪

うことを万人に対して命じる理性によって、自然法則として支配されるが[8]、その際、この自然法則の保持は、自然状態において、あらゆる個人に義務づけられている[9]。そこから自然法則違反が防止されるような方法で処罰するという万人に対して生じる権利が、以下のことによって基礎づけられる。すなわち、自然法則は、永遠の ── 神から与えられ賜うた ── 法であり、この法は、理性と平等の思想に基づくものであり、暴力と侵害から人類を守ってくれるものである、と。すなわち、この法則に違反する者は、自然法則によって保障されている全人類、人類の平和、および人類の安全を失うのであり、その結果、今や違反者を処罰しかつそれゆえに自然法則を執行する権利を有するその他の人間にとって危険となる[10]、と。このような基盤に立って、市民社会への移行は、神から与えられた自然状態の刑罰権が今や共同体に移行するという帰結をもたらしたにすぎない[11]。

すでにロックの社会契約論の冒頭において、── 具体的な被害者の侵害を超えた ── 共同体違反として犯罪を理解することが示唆されている。この共同体違反は、神の委託から独立した理由づけを、最終的には、不滅の際立った社会契約論において獲得している。社会契約論によれば、人間は、他者の飽くなき権力行使に対して自己の自由および財産を個別的に防衛するがゆえ

---

(8) *J. Locke*, Of Civil Government (1689), Chapter II (Of the State of Nature) § 6; zit nach *Th. Vormbaum* (Hrsg.), Texte zur Strafrechtstheorie der Neuzeit, Bd. 1, Baden-Baden 1993, S. 81-89.

(9) *Locke*（前出注(8)), § 7.

(10) *Locke*（前出注(8)), § 8.

(11) *Locke*（前出注(8)), § 87, 88. この委譲がいかにして行われるかについて、ロックは、もちろん述べていない（*K. Seelmann*, Vertragsmetaphern zur Legitimation des Strafen im 18. Jahrhundert, in: H. M. Stolleis (Hrsg.), Die Bedeutung der Wörter. Festschrift für Sten Gagner zum 70. Geburtstag, München 1991, S. 441-459, 445 もそう指摘する)。しかし、このことは、ロックの視点からは必ずしも必然的なことではない。というのは、刑罰権は、すでに予め存在していたからであり、したがって、社会契約によって同じことの理由づけをすることは、必ずしも必然的はないからである。

に、契約において、個別的な権力行使を放棄し、そしてその代わりに自己の生命、自由および財産の保障を国家に委託するのである。なかんずくルソー (Rousseau) とベッカリーア (Beccaria) によって主張されたこの構想に詳細に立ち入ることはできないが[12]、本研究との関係にとっては、とりわけ次のことが強調されるべきである。第1に、社会契約によって、個人は、自己自身の処罰にも ── 死刑に至るまでだが、ただしそれは（ルソーのように）少なからぬ者によって肯定されていたのであり[13]、これに対して（ベッカリーアのように）他の者によっては断固として否定された[14] ── に同意するということ、第2に、社会契約違反によって、犯罪者は、祖国への裏切者とされ、そしてそれゆえに祖国の構成員であることを停止されるということである[15]。たとえ上述の理論において、刑法の理由づけが ── 一部では神により正統化され、また一部では社会契約によって正統化されるがゆえに ── そのつど異なっているとしても、犯罪の理解を考慮すると、それらには、ひとつの共通のものがある。すなわち、犯罪によって、共同体の基本的合意が ── たとえそれが自然法則の形態であれ、社会契約の形態であれ ── 破られるということ[16]、しかし、それによって、犯罪者により直接的な当該被害者のみならず、法仲間および契約仲間もまた攻撃されるということである。かくして、被害者は、なるほど、犯罪構想から、必然的にも完全にも追い出されて

---

(12) *J.-J. Rousseau*, Du contrat social (1762), Livre premier. Chapitre VI. Du pacte social, zit nach Vormbaum（前出注(8)), S. 119–135.

(13) *Rousseau*, Du contrat social Livre II. Chapitre V. Du droit de vie et de mort（生殺の権利について）（前出注(12)）：「殺人者の犠牲にならないためにこそ、殺人を犯す者があれば、その死刑に同意する。この契約において、人々は自己の生命を自由に処分するどころか、生命を保証することのみを考えている……」［ルソー（井上幸治訳）『社会契約論』『世界の名著 30 ルソー』（1976・中央公論社）258 頁より］。

(14) *Beccaria*（前出注(12)）参照。

(15) *Rousseau*（前出注(13)), chap. V.

(16) O. *Fischl*, Der Einfluß der Aufklärungsphilosophie auf die Entwicklung des Strafrechts, Breslau 1913 (Nachdruck 1976), S. 36 参照。

第1章　人間共同体の解消としての犯罪

はいないが、しかし、被害者は、おそらく、その（より低い）地位をさしあたり（より高次の）共同体の地位と共有せざるをえない。

第2章
自由の領域および主観的権利の侵害としての犯罪

　ここまで検討してきた刑法理論においては、犯罪に存する共同体への攻撃が、どちらかといえばそれほど特殊でない総体的なものとみなされる一方で、カントと共に、個人的輪郭が前面に出てくる。処罰する権利を社会契約に還元することを放棄しなければ[17]、不法の理解にとって法の機能は重要である。すなわち、何らかの権利が行為であるのは、その行為が、またはその行為の格率に従ってある者の恣意の自由が、一般的法則に従って万人の自由と共存しうるときであるので[18]、倫理的人格の自由な発展にとって不可欠となる行為の余地を侵害する行為は、不法な行為として防止されるべきである。その際、──倫理的命令と法的命令との区別を考慮すれば──「公的法則の違反は、もしそれがその違反者に国家公民の資格を失わせるようなものであるときは」、犯罪と「(呼ばれている)」[19]。

　一見すると、個人の自由の領域の保護を目指すこの見解は、むしろ、明白に被害者を志向したものみなすことができよう。すなわち、その見解におい

---

(17)　その際、この契約は、もちろん、カントによって歴史的な出来事としてではなく、純粋な思考モデルとして扱われている。I. Kant, Die Metaphysik der Sitten (1797), Akademie-Textausgabe, Bd. VI, Berlin 1914/1968, S. 315 参照。「国民そのものがみずからを国家へと構成する行為は根源的契約である。ただし、このように言われる場合、(この契約という行為そのものよりも) むしろ本来的にはそうした行為の理念が、すなわち、それに従ってのみ国家の正当性が考えられうるような理念が、もっぱら意味されているのであるが……」［カント (加藤新平＝三島淑臣訳)『人倫の形而上学〈法論〉』『世界の名著 32　カント』(1976・中央公論社) 453 頁より］。

(18)　*Kant*, Metaphysik der Sitten (前出注(17)), S. 230 f., 特に S. 232.

(19)　*Kant* (前出注(17)), S.331 ［カント (加藤＝三島訳)・前出注(17) 472-473 頁より］。

第 2 章　自由の領域および主観的権利の侵害としての犯罪

ては、すでに、「公民」として資格を有する被害者を侵害する犯罪の効果が決定的なものとして強調され、そしてそれゆえにそうした被害者が国家的に（も）重要であることが論じられていないかのようである。より明確に超個人的な犯罪理解の方向を示しているのが、冒頭で取り上げたカントの次の言明である。「汝が他者から盗むならば、汝自身から盗むのである」。なるほど、この考えは、2つの異なったバージョンで登場するが、しかし、2度とも刑罰の種類と程度の問題を考慮してのみ登場しているのである。すなわち、ひとつは、（報復的なタリオの法 (*ius talionis*) という形式での）[20]平等の原理（Prinzip der Gleichheit）が論じられる場合であり、そしてもうひとつは、報復と結び付いた損害（Einbußen）が、処罰される者[21]について論じられる場合である——それゆえに、上述の2つの立場は、一般論として言えるかぎ

---

(20)　カントの『人倫の形而上学』で「刑罰権および恩赦権について」扱っている箇所（Akademie-Textausgabe, Bd. VI S. 332）は、「刑罰の種類や程度を定めるに当たって、公的（司法的）正義はそもそも何をもってみずからの原理や規準となすのであるか」という問いに、次のような解答を与えている。「それは、一方の側にも他方の側にもより多く傾くことがないという（正義の秤における指針の状態に示される）平等の原理以外のものではありえない。だから、もし汝が同一国民に対して理由のない害悪を加えるならば、それがどんなものであれ汝はそれを汝自身に対してなす［ということになる］のである。汝が彼を侮辱するならば、汝は汝自身を侮辱するのである。汝が彼から盗むならば、汝自身から盗むのである。汝が彼を打つならば、汝自身を打つのである。汝が彼を殺すならば、汝自身を殺すのである。ただ同害報復の法理（*jus talionis*）だけが、……刑罰の質と量を確定的に定めることができる……」［カント（加藤＝三島訳）・前出注(17)474 頁より］。

(21)　Kant（前出注(17)）, S. 333:「ところで、『汝が彼から盗むならば、汝自身から盗むのである』ということは何を意味しているのか。およそ窃盗をなす者は他のすべての者の所有権を不確実にするのである。だから、彼は（同害報復の法理にもとづき）みずから一切の可能な所有権を放棄するわけである。［その結果］彼は何ものをももたずまた何ものをも取得しえないのであるが、にもかかわらずなお生きることを欲する。しかし、こうした状態で生きることは、他人が彼を扶養してやるという仕方による以外は不可能である」［カント（加藤＝三島訳）・前出注(17)475 頁より］。

りでは、その都度、カントの刑罰論の枠内においてのみ論究されていることが認められる[22]。しかしながら、このような刑罰の理解から前述の犯罪の理解に帰着するよう試みるならば、いずれにせよ、第2の立場は、次のような意義を認めることになる。すなわち、窃盗によって、具体的な被害者の所有権が侵害されるのみならず、「すべての他者の所有権が危険に」晒され、「すべての可能な所有権の安全性」ということでもって所有権制度それ自体も問題とされる[23]、と。たとえある犯罪の不法内容の超個人的意義が具体的な被害者の個別的損害の完全な排除を必ずしも必然的に帰結するには及ばないとしても、こうした途は、——まさに犯罪を社会契約の解約通告として理解することによるものと同様——少なくとも開かれている。

 しかし、他方、——それによってすでにこの場所で可能な誤解を防止するために——同様に先に示されたカントの犯罪の理解ですら、後の法益のパラダイム同様にあらゆる一般的な福祉利益の保護のために刑法上のドアを開いたという異議が唱えられる覚悟をする必要は決してない。なぜなら、たとえ制度的レベルに引き上げられたとしても、カントの法の理解および不法の理解の核となっているのは、依然として、それでもなお個人の倫理的人格性の自由な発展に不可欠な行為の領域の保護だからである。

 この個人的出発点において、フォイエルバッハもまた、依然として、なお完全にカントの立場[24]に拘束されている。法的自由の限界を踏み越えることが「権利侵害」(侮辱もしくは損傷) として理解され、かつ、ある刑法典に服

---

(22) カントの刑法理論については、とりわけ A. Dyroff, Zu Kants Strafrechts-theorie, Archiv für Rechts- und Wirtschaftsphilosophie 17 (1923), 351 f.; H. Mayer, Kant, Hegel und das Strafrecht, in: P. Bockelmann u. a. (Hrsg.), Festschrift für Karl Engisch zum 70. Geburtstag, Frankfurt/Main 1969, S. 54-80, 特に S. 56 ff..; O. Höffe, Immanuel Kant, 2. Aufl. München 1988, S. 234 ff. 参照。カントの法理論については、G. Dulckeit, Naturrecht und positives Recht bei I. Kant, Aalen 1987; B. Ludwig, Kants Rechtslehre, Marburg 1985; P. Unruh, Die Herrschaft der Vernunft—Zur Staatsphilosophie I. Kants, Baden-Baden 1993 参照。

第2章　自由の領域および主観的権利の侵害としての犯罪

する、市民と国家との間の相互契約を破る権利侵害の中に（のみ）「犯罪」
が見いだされることによって、単に定式化により、より法学的な枠組を獲得

---

(23)　カントの犯罪理解にとってのこの部分の有効活用が従来明らかに一度も
試みられなかったということは、周知の一節——それは、決していまだに見
渡すことができないほどのカント文献を目の前にすると一法律家には確認で
きないであろう——が見逃されないかぎりで、ことによると次の点に理由が
あるのかもしれない。すなわち、カントの法論と刑罰論は、一次的には、倫
理的行動の可能性の保証に合わせられたものであったが、しかしながら、そ
のことは、刑法の「脱個人主義化」への一定の傾向を排除する必要はなかっ
た。カントの道徳哲学の内部での定言命法が、計画された行為と理性の道徳
的命令とが（道徳的に善き行為にとって必然的に）合致することが測定され
る倫理的基準の機能を引き受けるということを前提とするならば、——常に
同じチェック規準によれば——意図された活動は、一般に万人によって実行
されるべき行為と考えられ、引き続き、矛盾のない思考可能性へと分析可能
となる。その際の関心は、——コーラー（前出注＊参照）によって提案され
たように——その矛盾がたいてい、もはや具体的な「財」ではなく抽象的・
一般的な「財」の価値低減の中にある、ということである。というのは、評
価の出発点は、いたるところで企てられる行為だからである。窃盗の例で示
すならば、まず問題となるのは、私が他人から金品を盗むことによって道徳
的観点から私の所有権（Eigentum）を増やすことが許されるかどうか、であ
る。しかしながら、その際、万人が同じように隣人から金品を盗むような場
合に、この状況が矛盾なく考えられるかどうか、という問題を併せて考える
べきである。しかし、個別に異なった一定の範囲で、他者による奪取に対し
て所有している客体を守り、かつ任意に利用することができるということが
所有権の意味だとすれば、その問題については、否定すべきであろう。なぜ
なら、万人が同様に他者から窃盗をしてもよく、それによって自己の所有権
を増幅させてよいとするならば、所有権（それ自体）は、保証された存続の
保護という意味において、もはやこれ以上賦与されることはないであろうか
らである。それゆえ、所有権という概念においては、解消できない矛盾が生
じ、その結果、計画された窃盗が（道徳的に）禁止されることになるであろ
う。いずれにせよ、それによれば、道徳哲学の領域にとって、窃盗は、所有
権それ自体の価値、そしてそれゆえに「所有権」という制度の低減をもたら
す。しかし、この思考の筋道が正しいとすれば、カントの場合、いずれにせ
よその方法論の中に個別的なものから一般的・客観的なものへという抽象化

したにすぎない[25]。それによって、たとえ犯罪が国家において可能となるとしても[26]、まさにさらなる不法論議にとって決定的なパラダイムが、主観的

への最初の端緒を認めることは、正当なように思われる。それどころか、そうすることによって、法論（Rechtslehre）にまで到達するのである。また、ここでその展開に少々先んじるとすれば、カントの場合、まさに啓蒙主義の「権利侵害論」の結果として生まれているがゆえに、すでに後のビンディングの「法益論」を目指していたものとみなそうとしたいのであろうが、それにもかかわらず、「法益」についての最初の抽象化の端緒もまた、すでに認識されているのである。カントに従って、法が倫理的人格性の自由な発展のために必要な行為裁量の保護と保障という一次的任務を有するとすれば、それゆえに、法は、定言命法を通じて人間に媒介される倫理的自由をも間接的に保護している。今や、ある行為者が法規範を侵害すれば、このことは、（例えば、財産減少における窃盗の事案のような場合において）保護に値する具体的な（個人の）利益の損失を鎮圧するだけではない。それどころか、すでに開始された法の目的因（causa finalis）から明らかとなるのは、あらゆる法の侵犯は、同時に、（行為の）自由に対する違反をも意味するし、また、間接的には、倫理的自由それ自体の否定をも意味する、ということである。それゆえ、カントの法論においては法違反の制裁が、法によって保護された抽象的な利益という意味での——いずれにせよすべてを包括する——「法益」、すなわち自由という法益の侵害と結び付いているという推定は、適切なように思われる。したがって、カントの場合、その法論においても、個別的なものから一般的・客観的なものへの抽象化の最初の端緒を認めることができるのである。しかしながら、カントの歴史的位置づけは、その視点からうまくいったことがない。

(24) カントがフォイエルバッハに及ぼした影響力についての一般的なものとして、*K. Amelung*, Rechtsgüterschutz und Schutz der Gesellschaft, Frankfurt/M. 1972, S. 33 f., ならびに *Fischl*（前出注(16)), S. 146 f.参照。

(25) *P. J. A. Feuerbach*, Lehrbuch des gemeinen in Deutschland geltenden peinlichen Rechts, Gießen 1801 年の初版 § 26 (S. 21 f.) ——しかしながら、その後の版では何度も修正された——の枠組がそうであるが、第 3 版（1805 年）では、犯罪を行うのは、「市民契約によって保証されかつ刑法典によって保障された自由を侵害する者」であるとされ (S. 22)、最後に第 13 版（1840 年）では、「国家契約によって保証され、刑法典によって保障された自由」の侵害が論じられている (S. 45)。

第 2 章　自由の領域および主観的権利の侵害としての犯罪

権利侵害（*subjektive Rechtsverletzung*）の形態の中に見いだされるのである。被害者の視点からは、主観的権利侵害を志向する犯罪概念は、たとえ謀殺、傷害、侮辱および窃盗の処罰に際して、さらに生命、身体の統合性、名誉、もしくは所有権それ自体の保護が重要だとしても、当然ながら、刑法の中に忘れられないために最善の基盤となるであろう。しかし、すでにフォイエルバッハは、主観的権利侵害を目指す自己の試みを必ずしも十分に維持することはできなかった。それは、彼が後に広義の犯罪の下に単なる違警罪をも、すなわち、――彼の目には――単に国家の服従権を侵害するにすぎないものをも包摂し、そしてそれとともに単に非倫理的かもしくは形式的に違法でしかない行為ですらも権利侵害に分類されたときのことである[27]。かくして、即時的に個人の自由の保護を目指した彼の出発点は、それによって一般的な保護構想および不法構想という今日までその領域を支配する新たなパラダイムを即座にもたらすことになった開かれた翼を提供したのである。

---

(26)　*Feuerbach*, ebenda.
(27)　*Feuerbach*, Lehrbuch, 11. Aufl. (1832) § 22, *Amelung*（前出注(24)）, S. 34 f. 参照。

138

第3章
権利侵害から法益侵害へ

　法益概念の浸透と共に、ある発展段階が達成される。その発展段階は、何よりもそのニュアンスの多様性のゆえにここでは犯罪概念における被害者の役割への影響との関係でしか跡づけることができない。——私自身の研究[28]を含めて——この新たなパラダイムの変化に満ちた歴史がすでに何度も次のように論じられてきた[29]ということはまったく別のこととして、そうである。すなわち、多様な努力にもかかわらず今なお決着がついていない最終的な明確化が期待されるであろうとまでは言わないにしても、この領域においては、本質的に何ら新たなものは加えることができない[30]、と。したがって、なお続いている法益パラダイムの「無敵の進軍（Siegeszug）」を詳細に描写しようとは欲せずに、法益パラダイムの発生段階からせめて3人の名前——つまり、ビルンバウム（Birnbaum）、ビンディング（Binding）および

---

(28) A. *Eser*, Die Abgrenzung von Straftaten und Ordnungswidrigkeiten, Diss. Würzburg 1961, 特に S. 83 ff.; *ders.*, The Principle of »Harm« in the Concept of Crime. A Comparative Analysis of the Criminally Protected Legal Interests, in: Duquesne University Law Review 4（1966）, S. 345-417, 特に S. 357ff.［本書第Ⅰ部］参照。

(29) 特に P. *Sina*, Die Dogmengeschichte des strafrechtlichen Begriffs »Rechtsgut«, Basel 1962; *Amelung*（前出注(24)）, M. *Marx*, Zur Definition des Begriffs» Rechtsgut«, München 1972; W. *Hassemer*, Theorie und Soziologie des Verbrechens. Ansätze zu einer praxisorientierten Rechtsgutslehre, Frankfurt/Main 1973 参照。

(30) H.-J. *Rudolphi*, Die verschiedenen Aspekte des Rechtsgutsbegriffs, in : Festschrift für Richard M. Honig zum 80. Geburtstag, Göttingen 1970, S. 151-167（151）の確認がそうである。最近では、C. *Roxin*（前出注(6)）, S. 13 f. も、同旨である。

139

第3章　権利侵害から法益侵害へ

フォン・リスト（v. Listz）の名前――を挙げることにし、それを手がかりにして、ここで考察の中心となっている被害者との関係に例証的に光を当てることを可能にしたい。

　たとえ、ビルンバウムの事実上の影響力が、彼の時代の仲間によって擁護されなかったがゆえに、多様に承認されている割には小さかったとしても[31]、そして、「法益（Rechtsgut）」という専門用語が初めてビンディングに負うことになるとしても[32]、1843年に当時まで支配的であったフォイエルバッハの「権利」侵害論に「財（Gut）」侵害論を対置させたのは、やはりビルンバウムであった[33]。その際、いずれにせよ財との関係で「侵害」について論じることができるが、権利との関係では「侵害」について論じることができないという、より意味論的異議をさて惜くならば、主観的権利への制限によってではなく、おそらく国民の宗教的および倫理的観念といったような「公共財（Gemeingütern）」を取り入れることによって達成できたのは、とりわけビルンバウムが目指した人と物を超える刑法上の保護領域の拡大であった[34]。それによって、一義的には道徳違反であったり、あるいは単に国家の秩序規定に対する違反にすぎなかった行為の処罰が可能となった[35]ことにより、確かに、カントによる法と道徳の区別に向けても突破口が切り開かれたのである。もっとも、この突破口は、すでにフォイエルバッハにおいて描き出されていたものである。というのは、フォイエルバッハは、権利侵害

---

(31)　それゆえ、しかも、例えば、*Amelung*（前出注(24)）, S. 45 によって、次のような問題が提起されている。すなわち、ビルンバウムの研究が、ことによると、刑法学の意識からは必ずしも完全に消えてしまってはいなかったかどうか、ビンディングが後にそのことを関連づけなかったのではないか、と。

(32)　後出注(40)参照。

(33)　*Birnbaum*, Über das Erforderniß einer Rechtsverletzung zum Begriffe des Verbrechens, Archiv des Criminalrechts, 14 (1834), S. 149-194, 特に S. 166 ff., 175f.

(34)　*Birnbaum*（前出注(33)）, 特に S. 178.

(35)　*Birnbaum*（前出注(33)）, S. 169 参照。そこで彼は、そのかぎりでは誤っているフォイエルバッハにおける位置づけを批判している。

を示唆する独自の端緒を結果的に貫徹することができなかったからである[36]。

しかしながら、具体的な被害者に対して生じうる帰結を考慮すれば、ビルンバウムの財概念の導入と「公共財」への拡大ですら、必ずしも無条件に犯罪概念の「脱個人主義化（Entindividualisierung）」に至る必要はなかったであろう。このことは、いずれにせよ、すでに当時、── 今日でもなお決して承認されていないように ── 人格的法益侵害と団体的法益侵害の区別を承認することなく、犯罪の実質的内容を一元的不法概念から説明しようとする、より高次の抽象化を強いる諸々の努力を断念することを前提としていたといえよう[37]。実際のところ、ビルンバウムは、このような二元的カテゴリーについて考えていたように思われるし、また、当該犯罪概念の人格的財の個人的中核についても確認していたように思われる。なぜなら、一方での「人と物」と他方での「財」の二者択一的対置において犯罪の客体の一定の二元性が感じられるのみならず[38]、個々の人間の生活の保護を国家の維持という上位の目的のための手段として利用することに対しても留保している[39]からである。

これに対して、ビンディングの場合は、「法益（Rechtsgut）」という概念の本来的創始者[40]として、脱個人主義の傾向がすでにより明確に認識可能である。ここでも、主観的権利の対象としての法益とこの権利自体およびこの権利の様々な侵害可能性[41]との間の区別をめぐるより意味論上の争いに煩わ

---

(36) *Amelung*（前出注(24)）, S. 35 ff. 参照。
(37) この点については、後出・第 8 章「刑事政策的パースペクティブ」参照。
(38) ── もちろん、*Sina*（前出注(29)）, S. 21 によっても特別に明確ではない ── 次のような確認において、そうである。すなわち、「侵害の最も自然的な概念は、われわれが侵害を人とか物、特にわれわれがわれわれに属するものとして考えているもの、もしくは他者の行為によってわれわれから奪われるか低減させられうるところの、われわれにとって財（Gut）であるものに関連づける拠り所となるものが存在すること（であるように思われる）」(*Birnbaum*（前出注(33)）, S. 150)。

第3章　権利侵害から法益侵害へ

されること、もしくはビンディングの立場の自由度の大小について意見表明しようと欲すること[42]をせずに、ここでも、ビンディングの法益概念から犯罪の理解における被害者の役割にとって明らかになったことのみを強調することにしよう。ビンディングと共に、犯罪を刑罰によって威嚇された有責な規範侵害と理解するならば[43]、あらゆる種類の犯罪行為に適合するこの形式的概念は、実質的要素によってのみ区別を獲得することができる[44]。この区

---

(39) ビルンバウムが —— *Sina*（前出注(29)), S. 27 によればおそらくフォイエルバッハも自由主義として定式化できないであろう —— 次のように確認するとき（前出注(33), S. 180)、そうである。すなわち、「特に公共の危険性（*Gemeingefährlichkeit*）の承認により、あらゆる犯罪の本質的なものの承認として、例えば、謀殺を処罰する国家権力の義務は、個々の人間の生命それ自体を保護する国家の義務づけの中よりも、むしろ国家を全体として維持する義務づけの中にあるという見解が容易に導かれることになった。それゆえに、人間の利益のために国家を必要とすると承認することがなくても国家は存在するがゆえに、人間は現存するにすぎないのである、と人が言おうと欲したとき、そのことが、評判を獲得することができたのである」。そのかぎりでは、アメルンク（前出注(24), S. 81）によっても、ビルンバウムは、啓蒙主義者の個人主義的思考にきわめて近かった。

(40) はじめてそう説いたのは、*K. Binding*, Die Normen und ihre Übertretung, Bd.I, 1. Aufl. Leipzig 1872, S. 187 ff. の著作においてである。そこにおいて、ビンディングは、ビルンバウムとの繋がりを超えて、メルケルとヘルシュナーの合間の研究をも想起している（S. 189 Fn. 312)。Normen の第 2 版（Leipzig 1890 S. 312ff.）における法益論のさらなる拡充に際して、ビンディングは、法益概念が今やドイツの理論および実務に深く入り込んでおり、ほとんどいたるところで受け入れられている、ということをすでに満足気に指摘することができた（S. 329 Fn. 18)。また、*A. Kaufmann*, Lebendiges und Totes in Bindings Normentheorie, Göttingen 1954 をも参照。刑法理論において法益概念に市民権を得させたビンディングの功績を指摘している（S. 69)。

(41) *Binding*, Normen I 2. Aufl.（前出注(40)), S. 327 ff. 参照。

(42) この点については、*Amelung*（前出注(24)), S. 77 ff.

(43) *K. Binding*, Handbuch des Strafrechts, Bd. I, Leibzig 1985, S. 499.

(44) この点について、および以下の点についても、詳細は *Amelung*（前出注(24)), S. 73 f. 参照。

別のメルクマールは、ビンディングによれば、規範の目的の中に見いだされることになる。すなわち、規範の任務は、特定の人、物および状態の保護によって、平和で健全な法的生活の条件を保障することである。この意味において、「法益」は、ビンディングにとって、「立法者の目には法共同体の健全な生活条件として法共同体にとって価値があり、その変更され乱されることのない維持について法共同体が立法者の視点から利益を有し、それゆえ立法者がその規範により望まれざる侵害または危殆化から保護すべく努力しなければならないすべてのもの」[45]である。すでにそのことから、この定義と結び付いた主観的権利の脱個人主義化が、法共同体の価値判断によってある財がその都度全体の財にもなるということから看取できないとしても[46]、いずれにせよ、その脱個人主義化は、財説におけるあらゆる個人主義に対するビンディングの鋭い異議によって明確になるであろう[47]。法益の創出の根底にある価値判断が重要性において異なりうるし、その結果として法共同体にとって生命が所有権よりも価値があるように思われるからといって、上記の見方が否定されるわけではない。なぜなら、刑罰威嚇を受けた規範違反という形態での不服従は、「全不法において不変の大きさを成し」[48]、防止すべき法益侵害がその行為の禁止にとっての単なる立法上の動機にすぎないとされるかぎりで[49]、法益論の解釈論上の成果は、すでにアメルンク（*Amelung*）によって確認されたように[50]、実際上、次の点に汲み尽くされているからである。すなわち、規範命令に対する不服従という視点の下で完全に同価値の犯罪を法益の価値に応じて等級づけすることができ、かつ、法益を侵害する

---

(45) *Binding*, Normen I 2. Aufl. S. 339 ff. (353-355).
(46) *Binding*, Normen I 2. Aufl. S. 357 f.
(47) *Binding*, Normen I 2. Aufl. S. 353 ff., 357 f. については、*Amelung*（前出注(24)）、S. 75 参照。
(48) *Binding*, Normen I 1. Aufl. S. 205; 同旨、2. Aufl. S. 410 f.
(49) *Binding*, Normen I 2. Aufl. S. 365, 注(1); *Sina*（前出注(29)）、S. 43 をも参照。
(50) *Amelung*（前出注(24)）、S. 76.

第3章　権利侵害から法益侵害へ

犯罪と保護客体を単に危殆化するにすぎない犯罪との区別を可能にするという点である。財の「社会的価値」に基づいてのみ財が法益になり、そのかぎりで（財をまずは人間の財として把握する代わりに）常に公共の保護客体である、ということも、個人主義的でない端緒を推測せしめる[51]。

　被害者の側面がこのようになおざりにされたことに対して、ビンディングの刑事政策上の大敵であるフランツ・フォン・リストは、抵抗したように思われた。すなわち、フォン・リストは、法益を自己の犯罪論の中心的概念にしたのみならず[52]、——イェーリング（*Ihering*）の「法の社会学的目的志向」を受け継いで——法益に「法的に保護された利益」として、むしろ法的価値判断の前提となる基盤を与え、その際に、人間の欲求に基本的意義を付加したのである[53]。フォン・リストが、例えば、「すべての法は、人間のためにそこにあり、すべての法は、人間の生活利益を保護する。したがって、人間の現存在は、その法益である。この現存在の様々な形態において、法益の区分が生じる」[54]が、その際、これらの利益は、法秩序によってではなく、生活によって作られるのであり[55]、それゆえに法益は法の財ではなく、人間の財である[56]、と要求するとき、ある犯罪の具体的被害者の侵害が、不法概念においても消えている、と言わざるをえないであろう。しかし、フォン・リストは、——意識しているにせよ、うっかりしていたにせよ——この歩みをさらなる区別によって止めてしまった。すなわち、その区別は、それ自体

---

(51)　*Amelung*（前出注(24)）, S. 81.
(52)　基本的なものとして、F. v. Liszt, Rechtsgut und Handlungsbegriff im Bindingschen Handbuche, ZStW 6 (1886), S. 663-698, 特に S. 673; ders., Der Begriff des Rechtsgutes im Strafrecht und in der Encyklopädie der Rechtswissenschaft, ZStW 8 (1888), S. 133-156, 特に 136 ff.; ders., Lehrbuch des deutschen Strafrechts, 3. Aufl. Berlin 1888, S. 19 ff. がある。
(53)　*Amelung*（前出注(24)）, S. 82 ff., 94; *Sina*（前出注 (29)）, S. 47 ff. 参照。
(54)　ZStW 8 (1888), S. 141 f.
(55)　Lehrbuch 3. Aufl. S. 20.
(56)　Lehrbuch 6. Aufl. (Berlin 1894), S. 49.

内在的な根拠を有するものであり、それゆえに刑法解釈学上不変のものとして存続してきたのであるが、しかしながら、フォン・リストによるあまり幸運とはいえない呈示で、法益概念のさらなる脱実質化に寄与するものであった。つまり、攻撃客体（*Angriffsobjekt*）から法益を区別することによるものが、それである。こうした区別の必然性もまた、非常に正当でありかつ重要であることから[57]、すでに専門用語におけるフォン・リストの幾多の変遷[58]は、その理解を困難にしているのみならず、それどころか、一方での極端な物理的行為概念とそれに応じた有体的な攻撃客体と、他方での精神的なものの領域に追いやられた保護利益との区別もまた、あたかも殺人罪の法益の場合、したがってその不法の場合、具体的な当該人間の生命（すらも）が問題となるのではなく、生命の保護一般（のみ）が問題となるのであるというようなイメージを助長せざるをえなかった[59]。そのかぎりでは、フォン・リストの場合も、──ホイザーマン（*Haeusermann*）の使いやすい特徴づけの提案[60]を取り上げて──「個人の侵害から制度の侵害へ（von der Individualverletzung zur Institutionalverletzung）」という犯罪の展開を看取することができるのである。

---

(57) 発展史についての詳細は、*Sina*（前出注(29)), S. 54 ff., *Amelung*（前出注(24)), S. 85 ff., 102 ff., *Hassemer*, Theorie（前出注(29)), S.17 f.; ── 新たな熟考に基づいてできれば点検を要するもの ── 私自身の見解については、*Eser*, Harm（前出注(28)), S. 381 ff. 参照。
(58) 詳細については、*Amelung*（前出注(24)), S. 91 参照。
(59) *Amelung*（前出注(24)), S.91 ff. の批判もまた、同旨である。
(60) 前出注＊［冒頭］参照。

145

第4章
犯罪の客体を一般的なものへ高めることについて

　いずれにせよ、このような精神化の傾向が法学者たちによって食い止められなかったことは、驚くにあたらない。すなわち、法学者たちは、すでに彼らの側で根本的に一般的なものおよび抽象的なものに入り込むことによって刻印づけられた

　19世紀における法益思想の発生時期から、このことは、とりわけヘーゲルを受け継ぐ権利論および犯罪論に妥当する。犯罪を普遍的意思に対する意識的な反抗として理解するならば[61]、そのことは、── ビルンバウムの財説の長期に亘る無視によって事実上も行われたように ── 特別な法益カテゴリーにおけるある思考の展開と当然ながら矛盾せざるをえない。当時犯罪論において支配的であったヘーゲル学派のうち、── あらゆる他の種類の不法とは反対に ── 犯罪の特徴を「犯罪とは単に法の特定の現象に対してのみ向けられるものではなく、法の本質存在に対して向けられるものである。」[62]という点に見いだしたのは、とりわけケストリン(Köstolin)であった。そして、ヘーゲルおよび彼の学派の者においては、一般にその都度法の現象をも特殊なものにおいて配慮すべきであるということをつねに共に考慮するとしても、それでもなお、この特殊化および個別化の真只中には、「犯罪にとっての重要な攻撃点を形成する、まさに法自体の実質のみ」[63]があるにすぎない。そこから、その場合、── それによってすでにヘーゲルを超えているに

---

(61) G.W.F. Hegel, GrundlinienderPhilosophiedesRechts (1821), 4. Auf. (Hoffmeister-Ausgabe) Hamburg 1955, § 85 ff., 特に § 95 参照。

(62) R. Köstlin, System des deutschen Strafrechts, Allgemeiner Theil, Tübingen 1855, § 6. 全体についての詳細は、Sina (前出注(29)), S. 28 ff.

(63) Köstlin (前出注(62)), § 36.

147

第 4 章 犯罪の客体を一般的なものへ高めることについて

もかかわらず——ベッカー（*Bekker*）と共に「犯罪の中に直接当事者の侵害という何よりもまず最初に存在するように見えるものを（見いだす）のではなく、……不可視的な法秩序の攪乱……国家秩序の侵犯……を見いだす」[64]ための途は、それほど遠くはなかった。

しかし、法益論へとビルンバウムが突き動かしたことが、特にヘルシュナー（*Hälschner*）によるように、ヘーゲル学派において取り上げられたかぎりでさえ、法の特殊な形式および形態においては、「法それ自体に反抗するあの意思の企てが現象へと」現れさせる「媒体だけが」犯罪の第一次的客体とみなされるのである[65]。

今世紀［20 世紀］においても、——それゆえにフォン・リスト後のさらなる展開に結び付けるべく[66]——そうこうするうちに原則的に構築された法益パラダイムの、個人に関連づけられた物質化は、当然ながら、次のようなかの犯罪論によって期待されてはいない。すなわち、——たとえ動機および理由づけにおいてそうではなくとも、まさに結論においてヘーゲル学派の犯罪論に似ていなくもない——国家社会主義的犯罪論におけるような、個人が従属させられる民族共同体の保護を志向する犯罪論が、それである。たとえこの犯罪論がまさしく法益侵害ドグマとの関連で内部で仲違いし、特に法益思想において、支配的な自由の稜堡の気配が感じられたとしても[67]、——とりわけホーニッヒ（*Honig*）[68]との関連で——特にシュビンゲ（*Schwinge*）と

---

(64)　E. I. *Bekker*, Theorie des heutigen deutschen Strafrechts, Bd. I, Leipzig 1859, S. 45. Zit nach *Sina*（前出注(29)), S. 32 f.

(65)　H. *Hälschner*, System des preußischen Strafrechts, Theil I, Bonn 1858, S. 3; zit nach *Sina*（前出注(29)), S. 32; また、*Amelung*（前出注(24)), S. 52 をも参照。

(66)　この段階のさらなる詳細については、*Amelung*（前出注(24)), S. 96-123, *Sina*（前出注(29)), S. 54-69 参照。

(67)　後出注(87)参照。

(68)　R. M. *Honig*, Die Einwilligung des Verletzen I, Manheim/Berlin/Leipzig 1919.

ツィンマール（Zimmerl）によって主張されたように[69]、「目的論的な」マールブルク学派によっても、また、特にダーム（Dahm）やシャフシュタイン（Schaffstein）に代表されるような[70]、ことさらに国家社会主義を強調した「キール学派（Kiele Schule）」によっても犯罪概念における個別具体的な要素の強化は、期待できなかったのである。それは、ひとつには、法益が根本において「立法者において個々の刑法命題において承認されたもっとも簡潔な形式での目的」としてのみ、したがって何らかの具体的なものではなく単なるカテゴリーとしてのみ理解されたにすぎなかったし[71][72]、そしてそれゆえにひとつの「概念形成の指導的原理」にすぎないものへと変質したという理由ですでに、そのような期待ができなかったのである。もうひとつには、「実質的（substantiell）」と理解されたキール学派の見解によっても、そのような期待ができなかったのである。なぜなら、実質（Substanz）によって、根本的には、その都度保護された価値および生活財以上のものは主張されなかったし、さらに、特に民族性、人種、およびドイツ的なるものといったような「民族的価値」もまた主張されたからである[73]。

---

(69) *E. Schwinge*, Teleologische Begriffsbildung im Strafrecht, Bonn 1930; *ders.*, Der Methodenstreit in der heutigen Rechtswissenschaft, Bonn 1930; *E. Schwinge/L. Zimmerl*, Wesensschau und konkretes Ordnungsdenken im Strafrecht, Bonn 1937.

(70) 特に *G. Dahm*, Der Methodenstreit in der heutigen Strafrechtswissenschaft, ZStW 57 (1938), S. 225 ff.; *ders.*, Der Tätertyp im Strafrecht, Leipzig 1940; *F. Schaffstein*, Das Verbrechen als Pflichtverletzung, Berlin 1935; *ders.*, Das Verbrechen eine Rechtsgutsverletzung?, Deutsches Strafrecht 2 (1935), S. 97 ff.; *ders.*, Der Streit um das Rechtsgutsverletzungsdogma, Deutsches Strafrecht 4 (1937), S. 335 ff. 参照。

(71) *Honig*, Einwilligung（前出注(68)）, S. 94.

(72) *Schwinge*, Begriffsbildung （前出注(69)）, S. 27 がそうである。

(73) 詳細については、*Sina*（前出注(29)）, S. 79 ff.; *Amelung*（前出注(24)）, S. 216 ff. 251 ff. 特に 226 ff., 251 ff. 参照。

第5章
「尊重要求」へのさらなる精神化

　かくして、法益パラダイムは、国家社会主義による攻撃[74]をも切り抜けて、いずれにせよ原則として、ドイツ刑法からは決してもはや差し引いて考えることができなかったように構築された[75]にもかかわらず、法益ドグマの言明内容は、依然としてその後も不明確で議論が続いている[76]。ここで、シュミットホイザー（*Schmidhäuser*）は、「尊重要求（Achtungsanspruch）」という概念を法益の解釈学に導入し、「法益」と「法益客体」と「行為客体」とを区別することによって、さらなる明確化をすることができると考えた[77]。すなわち、相応の価値の高い事態を侵害しないようにという尊重要求は、万人に向けて諸法益から発されるので、法益侵害は、法益に由来する尊重要求の侵害の中にある。したがって、法益侵害は、ひとつの精神的現象である——それゆえに、因果的に侵害された捕捉可能な客体（ある人間の具体的な生命、健康等）を問題にするとき、法益侵害について論じることができ

---

(74)　後出注(87)参照。

(75)　例えば、*H.-H. Jescheck*, Lehrbuch des Strafrechts. Allgemeiner Teil, 4. Aufl. Berlin, 1988, S. 6 ff.; *Roxin*, Strafrecht（前出注(6)）, S. 11 ff.; *R. Maurach/ H. Zipf*, Strafrecht Allgemeiner Teil, Teilbd. 1, 8. Aufl. Heidelberg 1992, S. 266 ff. 参照。

(76)　*Rudolphi*（前出注(30)）, S. 151 参照。また、*Th. Lenckner*, in: *A. Schönke/ H. Schröder*, StGB, 25. Aufl. München 1996, Vorbem. 8 ff. vor § 13 およびそこに掲載されたその他の文献参照。

(77)　*Eb. Schmidhäuser*, Der Unrechtstatbestand, in: Festschrift für Karl Engisch（前出注(22)）, S. 433-455, 特に S. 445 f. しかしながら、そこでは、法益と行為客体との分離は、さしあたり暗示されているにすぎず、後になってはじめて彼の教科書（Strafrecht. Allgemeiner Teil, Tübingen 1970, S. 24 ff.）で述べられた。

第5章　「尊重要求」へのさらなる精神化

ず、むしろこの侵害は、法益客体または行為客体の侵害である[78]。イェシェック（*Jescheck*）の場合、「尊重要求」の代わりに「妥当要求（Geltungsanspruch）」という概念が用いられるとき[79]、内容から言って、本質的に同じことが主張されている。

たとえシュミットホイザー自身によって危惧された[80]異議、すなわち、彼が明確にしているのは純粋に専門用語上の類のものである[81]という異議が正しいとしても、この視程においては、法益は、さらになお精神化されており、かつ具体的な被害者をさらに背後に押しやっている。なぜなら、「物質的な、内容豊富な、そして社会的実在」にとどまる法益概念の場合、行為規範は（そしてそれゆえに不法も）、なお物質的核を保持するが[82]、「尊重要求」を目指すことによって、この核は、侵害の本来的な ── しかしより関係的・形式的にすぎない ── 主たる対象となり、その際、法益は、単なる副次的かつ交換可能なものに関係するにすぎないからである。その場合、法益がそれ自体の側で ── 生命それ自体とか制度としての所有権といったように ── すでに制度的な抽象化であるとするならば、不法の要素としての具体的な当該人間の侵害は、もはや何も残されていない。法益をこのように「希薄化（Verflüchigung）」する場合、個人が被害者自身として法益の形成においていずれにせよ集積的方法で尊重を要求する「共同体生活の法益」の下で把握されるとき、それはもはや驚くに値しない[83]。

---

(78)　*Schmidhäuser*（前出注(77)), S. 444 f.

(79)　*Jescheck*, Strafrecht（前出注(75)), S. 7.

(80)　Unrechtstatbestand（前出注(77)), S. 445.

(81)　例えば、*Lenckner*, in: Schönke/ Schröder, StGB, 24. Aufl. München 1991, Vorbem. 9 vor §13（25. Aufl.（前出注(76)）においてはより明確でない）参照。

(82)　*Lenckner*, in: Schönke/ Schröder（前出注(81)), Vorbem. 9 ないし 10 vor §13 がそうである。

(83)　*Schmidhäuser*, Strafrecht（前出注(77)), S. 169 参照。しかし、ともかく、»Unrechtstatbestand«（前出注(77), S. 443 f.）では、個人の生活財、および個人または共同体の実りある実存についてもまた論じられている（Strafrecht, 前出注(77), S. 25 においても同様である）。ちなみに、後出注(103)掲載文献をも参照。

第6章
刑法の限定としての法益の要件について

　法益をめぐる犯罪解釈論上の論争に、多かれ少なかれ、刑事政策上の争いもまたつねに織り込まれた[84]。すなわち、一部では、ビンディングや「マールブルク学派」の周辺におけるように、法実証主義的な手法における法益が彼らにとって、立法による保護利益のためのいわば道具的な認識根拠としてのみ役立ったにすぎなかったがゆえに、あまり明確でなかった[85]。また一部では、フォン・リストのように、より強力に法益の枠組について打ち出す者もいた。すなわち、リストにとって、法益は、立法者によってはじめて創出されるものではなく、すでに人間の「利益」として存在しているものでなければならず、それゆえ、―― 例えば、単なる道徳違背の場合のように ―― その利益が存在しなければ、自由主義の意味で犯罪化を阻害することができる[86]。あるいはそれどころか、法益は、とりわけシャフシュタインによって

---

(84) 解釈学的および刑事政策的側面における法益論について基本的なものとして、*Hassemer*, Theorie（前出注(29)), S. 57 ff.がある。
(85) それゆえにビンディングは、*Amelung*（前出注(24), S. 78）によって、法益保護というレッテルの下で啓蒙主義の理念に対する法実証主義の裏切りを行った、という非難を受けざるをえなかったのである。*Hassemer*（前出注(29), S. 47）によっても、同じ意味で、ビンディングは、厳格な法実証主義（Gesetzespositivismus）の近視眼に屈している。
(86) この考えは、後に *Marx*（前出注(29)), S. 62 および S. 84 ff. にも見られる。マルクスは、このような試みを、刑法の前方に位置する人間中心的法益概念でもって企てている。この自由主義的な構想が確かに説得力があるとは決して言えないことは、すでにビルンバウムによって手本として示された。というのは、ビルンバウムにとって、フォイエルバッハの権利侵害を財侵害によって克服したことは、国民の宗教的および倫理的観念といったような「公共財」の侵害をも刑法上把握可能とすることにまさに寄与するものであったからである（前出注(34)参照）。

第 6 章　刑法の限定としての法益の要件について

為されたように、法益原理のあの自由主義的な傾向を「啓蒙主義的・個人主義的」内容の暴露によって妨害するために、意識的に政治的に攻撃されたのである[87]。

　法益の要件についてのこの政治的ポテンシャルは、基本法の影響下で、とりわけ刑法改正との関係で 2 つの点で意義を獲得した。ひとつは、犯罪の「社会的侵害性（*Sozialschädlichkeit*）」という標語の下で、法益侵害がないので社会侵害的とはみなされえないすべての行為態様を非犯罪化することが問題となった[88]。この旗印の下で、——たとえもっぱらとまではいかないにせよ、まさに大部分で—— 当時の単なる道徳違反としてのいわゆる風俗犯の領域での非犯罪化が問題となったのである[89]。もうひとつ、法益概念のこうした限定機能の強化は、法益概念を憲法に結び付けることによって期待された。というのは、刑法上制裁能力がある法益として問題となりうるのは、憲法から導かれるか、もしくは少なくとも憲法によって保護された範囲で捕捉される権利および価値だからである[90]。

　しかし、これらの 2 つの要請がきわめて正当で重要だとしても、やはりそのことから、あまりにも大きな限定効果を期待してはならない。なぜなら、

---

(87)　*Schaffstein*（前出注(70)）, DStR 2 (1935), S. 97, 101 の要求がそうである。この点についてより詳細なのは、*Sina*（前出注(29)）, S. 80 ff. であり、また、*Amelung*（前出注(24)）, S. 231 ff., 235 ff. である。

(88)　この「犯罪の『社会的侵害性』論」についての基本的な寄与は、とりわけ *Amelung*（前出注(24), 特に S. 330 ff.）に負うべきである。さらに、*C. Roxin*, Sinn und Grenzen staatlicher Strafe, JuS 1966, S. 377 ff. ならびに *Rudolphi*（前出注(30)）, S. 154 ff. 参照。

(89)　とりわけ *H. Jäger*, Strafgesetzgebung und Rechtsgüterschutz bei Sittlichkeitsdelikten, Stuttgart 1957, さらに *C. Roxin*, Franz v. Liszt und die kriminalpolitische Konzeption des Alternativentwurfs, ZStW 81 (1969), S. 613 ff., 622 ff. 参照。

(90)　この点については、例えば、*Roxin*, Strafrecht（前出注(6)）, S. 14 参照。法治国家原理を目指した *Rudolphi*（前出注(30)）, S. 158 ff. を引合いに出している。

社会的侵害性を法益侵害と同一視するかぎりで、社会的侵害性は、まずは何が法益として定義されていたかに依存するか、もしくは、逆に、——そもそも非犯罪化効果を達成しうるためには——社会的侵害性の前法的定義が必要となるからである。もちろん、その場合には、社会的侵害性の側でそれについての決定的基準を確定すべきであることになる。その際、憲法によっても、過度の限定を期待することはできないであろう。なぜなら、たとえ犯罪化を、次の行為、すなわち、社会的に承認された個人的利益または公共の利益の侵害のゆえに社会侵害的とみなすべきか、もしくは憲法上の保護領域に影響を与えるがゆえに法益侵害的とみなすべき行為に限定するとしても[91]、それによって、刑法上捕捉可能な保護領域は、やはりあまりにも広いからである[92]。ますます強くなっている——とりわけ経済刑法および環境刑法の領域において——集団的法益（Kollektivrechtsgüter）[93]ですら、この方法で決して締め出されない——ただし——一般的な立法傾向に反して——最近、特に持続的にいわゆる「フランクフルト学派」の周囲で要請されているように、立法者の決定により刑法を原則として個人的保護法益の保護に限定しようと欲するなら、そうである[94]。

---

(91) 価値基体としての事実上の利益に依拠した、一定の社会規範によって承認され、かつ憲法の枠内で思考されるこのような法益概念の詳細については、*Eser*, Harm（前出注(28)), S. 376 ff. 参照。

(92) その後に公刊されている教授資格論文である *O. Lagodny*, Strafrecht vor den Schranken der Grundrechte, Freiburg（§ 7 B-D, § 16 B）によっても、せいぜいのところ、憲法的視点からは、刑法上制裁能力のない法益侵害の、非常に幅広く獲得された消極的排除は、期待できない。

(93) この点については、例えば、*F. Herzog*, Gesellschaftliche Unsicherheit und strafrechtliche Daseinsvorsorge, Heidelberg 1991, 特に S. 109 ff.

(94) この点については、さしあたり、*Hassemer*, Theorie（前出注(29)), S. 68-86; *ders.*, Kennzeichen und Krisen des modernen Strafrechts, ZRP 1992, 378-383; さらに *Herzog*（前出注(93)), *W. Naucke*, Schwerpunktverlagerung im Strafrecht, KritV 1993, 135-162; *P.-A. Albrecht*, Erosionen des rechtsstaatlichen Strafrechts, KritV 1993, 163-182 参照。

第6章　刑法の限定としての法益の要件について

とりわけ、当然ながらここで特別な関心のある被害者との関係で、犯罪概念におけるその位置づけについて法益要件の限定機能によって何を獲得することができるか、ということを問うことがなお残されている。端的に言えば、それは、おそらく何ら存在しないも同然であろう。反対に、法益概念の被害者志向が強ければ強いほど、それだけいっそう法益概念の限定は、被害者にとっての保護がなくなることに帰着しうる。それゆえ、刑法の限定を志向する研究において、例えば、ルドルフィ（Rudolphi）の場合も、具体的な被害者の役割が問題とされていないし[95]、またハッセマー（Hassemer）の場合も被害者がキーワードになるほどのトポスとして前方に出てはいない[96]ことも、また不思議なことではない。

---

(95) 前出注(30)で取り上げた研究と並んで、このことは、例えば、*H.-J. Rudolphi*, Der Zweck des staatlichen Strafrechts und die strafrechtlichen Zurechnungsformen, in: B. Schünemann (Hrsg.), Grundfragen des modernen Strafrechtssystems, Berlin 1984, S. 69-84 にも当てはまる。

(96) また、*Hassemer*, Theorie（前出注(29)）の場合、「侵害」が論じられるかぎりで、このことは、そのつど、当面の問題設定にとってこれ以上助けにならない権利侵害を考慮してのみ行われた。法益概念の展開におけるハッセマーによる被害者の役割の肯定的評価については、さらに後出注(107)をも参照。

第7章
被害者のための小括

　たとえ上述の選択的な回顧が決して十全な発展像の外観を示唆していないとしても、やはり、選択された若干の状況からすると、看過しえないほどに被害者が置き去りにされていることを認識せざるをえない。このことが法益の歴史にのみ関係しうるにすぎないという印象を阻止するためには、結論的要約の前に、犯罪の被害者を犯罪解釈学の被害者にもなしうるなお若干の他の要因を見ておくべきであろう。

　そのことは、ひとつには、新たな刑法の展開と改正の努力によって赤い糸のように引かれる行為者への優先的着目に当てはまる。それは、すでにワイマール時代に、とりわけ少年裁判所法の導入と共に始まり、——逆の徴候の下ではあるが——国家社会主義の下で続いた。なぜなら、ワイマール時代に、犯罪者のための改善に向けた努力が、特に行刑において達成されたが[97]、国家社会主義は、行為者を、克服すべき「平和の敵対者」の視点から激しく注視したからである[98]。行為者志向は、その後、とりわけ1960年代の［刑法］改正論議において、遅くとも対案と共に最高潮に達した。その対案の「原則」においては、刑罰目的としての再社会化の要請が、法益保護と並んで同じ権利をもって呈示された[99]、すなわち、行為者にとっての行為の結

---

(97) この点についてのより詳細は、*R. Seidl*, Der Streit um den Strafzweck zur Zeit der Weimarer Republik, Frankfurt 1974, 特にS. 186f.; *H.-H. Jescheck*, Strafrecht. Allgemeiner Teil, 2. Aufl. Berlin 1972, S. 75.

(98) 例えば、*R. Freisler*, Willensstrafrecht; Versuch und Vollendung, in: *F. Gürtner* (Hrsg.), Das kommende deutsche Strafrecht, Allgemeiner Teil, Berlin 1934, S. 9-36, 特にS. 12 参照。

(99) Alternativ-Entwurf eines Strafgesetzbuches. Allgemeiner Teil, 2. Auf. Tübingen 1969, § 2 Abs. 1.

第 7 章　被害者のための小括

果が関心の中心となったのである[100]。刑罰目的焦点をこのように行為者へと当てることについては、次のこともまた、まったくもって都合がよい。すなわち、責任清算は、それが量刑の範囲においてなお正統な場所を有しているかぎり[101]、直接的侵害に対する個人の罪責の関係の問題としてよりも、むしろ、法秩序一般の視点から法益侵害に関係する問題としてみなされる、ということである。

　以上のことを背景とすれば、処罰の現象を記述する場合でさえ、被害者が考慮されていないこともまた、決して驚くに値しない。このことを実例としてシュミットホイザーの研究書で「刑罰という事象についての個人的経験」に関する節で明らかにしておくと、そこでは、なるほど、立法者、刑事訴追機関、刑事裁判官、行刑職員、処罰される者（したがって行為者）、および最後に社会が問題とされているが、被害者は問題とされておらず、まったくもって、あたかも被害者は処罰の経過と無関係であるかのようである[102]。シュミットホイザーの詳細なモノグラフィー『刑罰の意味について (Vom Sinn der Strafe)』においてのみ、被害者について言及がなされているのが見いだせるが、もちろん、そこでも、最後になってはじめて、社会の部分集合 (Unterfall) として言及されているにすぎず、またこれさえも、行為者の家族と同時に言及されているにすぎないのである[103]。

　行為者のためのこうした一面化[104]に直面して、法益保護という刑法の目

---

(100)　最初に被害者に向き合った刑事学も、この当時はまだ純粋に行為者志向的であった。*G. Kaiser*, Kriminologie, Heidelberg 2. Aufl. 1988, S. 406 ff. 参照。
(101)　この点について基本的なものは、BGHSt 24, S. 40 ff., 特に S. 42 である。
(102)　*E. Schmidhäuser*, Strafrecht, Allgemeiner Teil, Studienbuch 2. Auf. Tübingen 1984, S. 21 f. 参照。
(103)　*E. Schmidhäuser*, Vom Sinn der Strafe, 2. Aufl. Göttingen 1971, S. 101：「国家の刑罰は、共同体の事項のみならず……、距離を置いて共同生活をする、……もしくは一定の刑事手続およびその結末について特別な利害（例えば、犯罪行為によって侵害された者または行為者の家族が有する利害）をもって共同生活をするあらゆる個人の事項でもある」。

的には、被害者の利益もまた対等に関与させるという課題がまさに与えられうるであろう。しかしながら、この前提となるのは、被害者が法益において何らかの方法で共に位置づけられる、ということであろう。しかしながら、先の回顧が示したように、そのことから離れれば離れるほど、それだけいっそう、主観的権利の侵害としての犯罪の個人的出発点は、── 必ずしも必然的に主観的ではない ── 法益への拡大によって断念され、しかも、さらに個別の被害者からますます抽象化されたのである。「生命」もしくは「所有権」という法益を単に具体的被害者から抽象化されかつ制度化された形式で見るために、具体的被害者の生命もしくは所有権が行為の客体としてのみ把握されたことによって、法益は、もはや、個人に与えられえたものではなくなった。すなわち、法益は、価値があるとみなされた個人の個別の法益を超個人的な抽象化でのみ統合する架橋的原理（überspannendes Prinzip）となったのである。それと結び付いた、個人の侵害から制度の侵害へという不法概念の精神化によって[105]、こうした精神化が最新の教科書文献へと何らの問題意識の様子すらもないまま主張されているように[106]、法益と被害者の関係の中に、実際上、他方を犠牲にして一方をより高めることを看取することができる。それゆえに、セッサール（Sessar）の約15年前の確認は、これまでの間、決して何ら変更されなかったのである。すなわち、「被害者（Das

---

(104) それと結び付いた被害者の冷遇については、とりわけ *Frehsee*（前出注(4)）参照。彼は、それどころか、「主体としての被害者の無視」について論じている（S.121）。あるいは *H.-J. Hirsch*, Wiedergutmachung des Schadens im Rahmen des materiellen Strafrechts, ZStW 102 (1990), S. 534 参照。それによれば、被害者の正義の欲求は、行為者の再社会化に向けられた一面的な刑事政策の間中無視されてきたという。

(105) 前出注(60)参照。

(106) 例えば、*Jakobs*（Strafrecht. Allg. Teil, 2. Auf. Berlin 199, S. 8 f.）に従って、窃盗の場合、刑法上の所有権の保護が、「最初から所有権の社会全体の意義にその保護を向けるがゆえに……所持者を考慮することなく」行われる、とするとき、そうである。

第7章　被害者のための小括

Opfer)（der Verletzte, der Geschädigte）は、それゆえに、今日、ほぼ完全に法益の背後に消えてしまっている」[107]。

---

(107) K. *Sesser*, Rolle und Behandlung des Opfers im Strafverfahren. Bewährungshilfe 27 (1980), S. 328-339 (329). —— 法益思想のこうした被害者を排除する効果は、ハッセマーの次のような確認と決して矛盾することはないであろう。すなわち、「人間の行動が刑法上不法となりうるのは、それが法益を侵害するときだけである」という格率と共に、「被害者は、数百年に亘り、非難可能性、規範違反、犯罪行為の諸原理の背後に消えていった後、(再び) その計画に（足を踏み入れた）」(Einführung in die Grundlagen des Strafrechts, 2. Aufl. München 1990, S. 24)。なぜなら、一方で、この確認が、過度の、単なる道徳違反を(も)目指す刑法を解体するための、19世紀初頭までのフォイエルバッハとの関連での法益原則の誕生期に妥当するが、他方で、法益概念に充てがわれた脱個人主義傾向を見誤ることは、あまりない。

160

第8章

刑事政策的パースペクティブ

　この状態をこのまま放置しておくべきなのか。確かに、ハッセマーによって確認されたように、国家による刑法は被害者の中立化とともに始まり、それゆえに刑法が被害者を行為者に対する対極の地位から遠ざけてこの地位すらも占拠したのは偶然ではない、ということは否定できない[108]。それにもかかわらず、それと結び付いた刑法および手続法からの被害者の排除がすでにあまりにかけ離れてしまっていないかどうかが、いぜんとして問われるべきである。実際上、すでに1970年代末以降、犯罪被害者の再発見の傾向の転換を看取することができる[109]。それは、——軽く見積もれば——すでに「新たな流行テーマ」で論じなければならないほどの公刊物の洪水となっている[110][111]。今や、もちろん、被害者に関連したこれらの新たな文献が一同に被害者の待遇改善を考えているという誤った評価に取り憑かれるべきではなかろう。なぜなら、(全面的にせよ部分的にせよ)刑罰の代替としての損害回復(Wiedergutmachung)や行為者・被害者の和解(Täter-Opfer-Ausgleich)

---

[108] *Hassemer*, Einführung（前出注(107)）, S. 70 ff.
[109] 前出注(4)で取り上げた文献のほかに、最近のものから、*S. Bieri*, Täter-Opfer-Ausgleich: Ansatz einer kriminalpolitischen Reform im Strafrecht, Bern; *R-D. Hering/ D. Rössner*, Täter-Opfer-Ausgleich im allgemeinen Strafrecht, Bonn 1993; *St. Kunz*, Probleme der Opferentschädigung im deutschen Recht, Baden-Baden 1995; ならびに *G. Kaiser/ H. Kury/ H.-J. Albrecht* (Hrsg.), Victims and Criminal Justice, 全3巻の全集, Freiburg 1991 参照。
[110] *F. Dünkel/ D. Rössner*, Täter-Opfer-Ausgleich in der Bundesrepublik Deutschland, Österreich und der Schweiz, ZStW 99 (1987), S. 845-872 参照。それによれば、このテーマについての文献は、すでに当時(1987年)、ほとんど見渡すことができないほどであった。
[111] *Hirsch*（前出注(104)）, ZStW 102 (1990), S. 534.

第 8 章　刑事政策的パースペクティブ

が行為者のためにもなりうるのと同様に、——用語上の概観とは反対に——いわゆる「被害者解釈学（Victimo-Dogmatik）」にとっても、被害者にとっての改善よりも、むしろ行為者にとっての処罰の限定および／または制裁の限定のほうが重要だからである[112]。この批判的な留保は、行為者に（も）有利に働く制裁および手続方式の拒絶としても理解してほしくないし、また、被疑者の骨を折って勝ち取った法的地位を犠牲にして被害者だけに改善策を講じることが本稿の目的であるかのような印象を与えるべきでもなかろう。むしろ、これらの考えの突き進む方向は、とりわけ、具体的な被害者と国家によって主張される公共の利益との関係に、前者を犠牲にして後者のために過大な要求をすることがなくなることによって、再び理性を回復させることに向かう。ことによると、その場合、症状を治癒しているかに見えることを否認しえない被害者のための近時のいくつもの改正措置をそれ自体矛盾なく首尾一貫して基礎づけることもまた、うまくいくであろう。

　所与の領域においてこのことを十分に展開しえなくても、それについて3つの指針だけは、テーゼの形で言及しておこう。

　第1。犯罪概念、そしてそれゆえに不法の理解に関していえば、法秩序それ自体に対する攻撃へと繰り返し抽象化される精神化、そしてそれと結び付いた法益概念の脱個人主義化は、阻止されるべきである。一方では、犯罪の中に単なる個人の侵害以上のものを見いだすことは非常に正当であるし、それゆえに不法の要素としての一般的な権利侵害は非常に不可欠であるが、他

---

(112)　それゆえ、例えば、*Roxin*, Strafrecht （前出注 (6), S. 487 ff.）では、——このトポスについての最終的にまとめられた意見のひとつとして——その事象に対する被害者の共同責任がどの程度不法に効果を及ぼすか、特にその共同責任が構成要件または違法性の阻却にいたりうるかどうか、という問題が中心に」置かれている。その結果、あたかも被害者解釈学の場合、総じて一種の行為者免責プログラムが重要であるかのような印象から免れることができない。いずれにせよ、被害者学（Viktimologie）の第2の視点についての *G. Kaiser*, Kriminologie, 9. Aufl. Heidelberg 1993, S. 630 ff. での問題の概観をも参照。

方では、個人の利益侵害は、その中にあまり埋没しえない。行為者が自己の違法・有責な行為を通じて犯罪概念において現存しているのと同じように、違法性において表現されている一般的な法益侵害と並んで、当該被害者の個人的な利益侵害もまた、犯罪概念に含まれなければならない ── ちなみに、それゆえにこそ、なぜ、どの程度被害者の固有の共同責任が不法軽減または不法阻却へと導きうるのか、ということもまた、理解されるのである。個人の侵害のこの包含がどのような方法で達成できるか ── 例えば、公共の利益も個人の利益も包括する法益概念によるにせよ、個人的な不法要素の周囲を制度的な法益侵害で補完することによるにせよ ── は、構成上の意味しかないがゆえに、二次的意味でしかない。単なる団体的法益の侵害のゆえに個人的被害者がいない犯罪行為が存在しうるということも、個人的利益侵害が存在する場合に、個人的利益侵害に不法要素としての必要な注意喚起を差し控えるという決定的な理由とはならない。この点でも、犯罪体系上の完成および抽象化が実質的必然性を犠牲にして行われてはならないということが妥当しなければならない。

　第２。この種の ── 制度的・個人的な ── 二元的犯罪構想は、刑罰概念にとっても意義がある。特にその場合、損害回復もまた、制裁の一部として容易に説明可能である。なぜなら、不法が一般的な権利侵害と具体的な利益侵害として二元的に把握することができれば、等しく、それに応じた制裁は、一般的・国家的な目的設定を超えて、個人の損害回復をも必要とするからである。そのかぎりでは、損害回復は、単に刑法における異物でないのみならず、それどころか刑法による制裁の本質的部分として理解されるべきである。

　第３。このように被害者を犯罪構想および制裁構想に繋ぎ止めることは、当然ながら刑事手続にとって必然的結果を容易に推測せしめる。刑事手続において（も）、個人的な不法の損害回復が問題となるとすれば、被害者の適切な手続関与は、単なる容認としてではなく、土着の権利（autochthones Recht）として理解されるべきであり、それに応じて仕上げられるべきであ

第8章 刑事政策的パースペクティブ

る。

　当然ながら、私は、前述の指針を言い換えることには、多くの好ましい構想とさらに国内法の領域限定も対峙するということを認識している。しかしながら、このような軌道修正は、ある犯罪行為に際して、法的平和の回復も被害者にとっての償いも、双方の一次的な「人権に適った」方法で達成することが重要であるとすれば、はばかられる[113]。このことが国家の優越からよりも、むしろできるかぎり当該市民間の紛争に近いところで行われるべきだということは、尊敬すべき被祝賀者が、冒頭で取り上げた場ですでにそれを他の法領域のために要求したのと同じ方法で、刑法にも妥当しうるであろう。

---

(113)　この方向でのはじめての考察については、*A. Eser*, Vision of a ＞Humane＜ Criminal Justice, Prestigen Lecture No.1, University of Pretoria, 1995 参照。

訳者あとがき

　本書は、ドイツのマックス・プランク外国・国際刑法研究所名誉所長であるアルビン・エーザー博士の侵害原理および法益論に関する2つの論文を第1部と第2部に分けて訳出し、『「侵害原理」と法益論における被害者の役割』(原題は、Albin Eser, Das „Principle of Harm" und die Rolle des Opfers in der Rechtsgutstheorie) と題して1書にまとめたものである。第1部に収めたのは、エーザー博士が若き日に英語で書かれた「犯罪概念における『侵害原理』──刑法上の保護法益の比較分析」と題する論文(原題は、Albin Eser, The Principle of "Harm" in the Concept of Crime : A Comparative Analysis of the Criminally Protected Legal Interests. Duquesne University Law Review Vol. 4 (1965-1966), pp. 345-417) であり、第2部に収めたのは、チュービンゲン大学時代の同僚であった哲学者のエルンスト-ヨアヒム・メストメッカー (Ernst-Joachim Mestmäcker) 博士の古稀祝賀論文集に寄せた論文「法益と被害者──一方を犠牲にして他方をより高めることについて」(Albin Eser, Rechtsgut und Opfer: Zur Überhöhung des einen auf Kosten des anderen, in Ulrich Immenga/ Wernhard Möschel/ Dieter Reuter (Hrsg.), Festschrift für Ernst-Joachim Mestmäcker, 1996, SS.1005-1024) である (なお、訳文中、圏点は原文ではイタリック体である)。

　原著者のアルビン・エーザー博士の略歴を紹介しておこう。エーザー博士は、1935年1月26日にドイツのウンターフランケンのライダースバッハに生まれ、1954年から1958年にかけてヴュルツブルク大学、チュービンゲン大学、およびベルリン自由大学で法学を学び、1958年7月に第一次国家試験に合格後、司法準備修習に就き、1960年から1961年にかけてニューヨーク大学で比較法研究のため在外研究を経験し、1961年に『犯罪行為と犯罪秩序違反の区別』(„Die Abgrenzung von Straftaten und Ordnungswidrigkeiten")

訳者あとがき

と題する論文でヴァルター・ザックス（Walter Sax）教授の指導の下、ヴュルツブルク大学で法学博士の学位を取得した。1962 年 7 月から 1964 年 4 月までヴュルツブルク大学で助手を勤め、その間、1963 に「犯罪概念における『侵害原理』——刑法上の保護法益の比較分析」と題する論文（The Principle of "Harm" in the Concept of Crime : A Comparative Analysis of the Criminally Protected Legal Interests）でニューヨーク大学から比較法学修士（M. C. L.）の学位を取得しており、その論文が 1965 年から 1966 年にかけて公表された上述の本書第 1 論文である。なお、1964 年 4 月に司法官試補試験（第二次国家試験）に合格後、同年 5 月から 1969 年 2 月まで、チュービンゲン大学法学部でホルスト・シュレーダー（Horst Schröder）教授の下で助手を勤め、1968 年に『財産に対する刑法上の制裁』（原題は、Die strafrechtliche Sanktionen gegen das Eigentum. Dogmatische und rechtspolitische Untersuchungen über Einziehung, Unbrauchbarmachung und Gewinnverfall.）および『一般的正当化事由としての正当な利益の承認』（原題は、Wahrnehmung berechtiger Interessen als allgemeiner Rechtfertigungsgrund. Zugleich ein Versuch über Rechtsgüterschutz und evolutives Recht.）で教授資格を獲得した。これらの初期の著作から、エーザー博士が法益論に早くから着眼して研究を始めていたことが看取できる。その後、1969 年には、チュービンゲン大学の講師に採用され、さらに 1981 年にはハム／ヴェストファーレン上級裁判所第 5 刑事部判事にも就任している。

本格的活躍が始まるのが、1971 年にビーレフェルト大学に教授として移籍し、さらに 1974 年にチュービンゲン大学にホルスト・シュレーダー教授の後継者として移籍してからである。得意の比較法研究の実力を発揮し、特に 1974 年と 1975 年に学際的な国際シンポジウムを企画して大きな成果を残している。この時期から特に医事刑法の研究にも力を入れ、終末期医療や生殖医療に関する業績を多く上げている。とりわけ、上記国際シンポジウムの成果である 1976 年の編著『人間科学的および社会科学的問題としての自殺と安楽死』（原題は、Albin Eser (Hrsg.), Suizid und Euthanasie als human- und

訳者あとがき

sozialwissenschaftliches Problem.)、および1977年の共著『治療委任と臨死介助——倫理的、医学的、および法的観点から見た治療中止について』(原題は、Alfons Auer/ Hartmut/ Menzel, Zwischen Heilauftrag und Sterbehilfe. Zum Behandlungsabbruch aus ethischer, medizinischer und rechtlicher Sicht.) は、ナチスの時代の悲惨な安楽死問題を乗り越えて当時の新たな終末期医療の問題への喚起に大きな貢献をした。

1982年にハンス-ハインリッヒ・イエシェック (Hans-Heinrich Jescheck) 博士の後任としてフライブルクのマックス・プランク外国・国際刑法研究所の所長 (当初はフライブルク大学法学部教授を兼務) となってからは、その活躍を世界に広げ、2003年に定年で退職されるまで、そして退職後、現在に至るまで、比較刑法、医事刑法、および国際刑法の分野でさらに大きな貢献をされた。マックス・プランク外国・国際刑法研究所の膨大な叢書の編集をはじめとする比較刑法の業績をはじめ、医事刑法ないし医事法の分野でも、終末期医療、生殖医療、人工妊娠中絶、臓器移植といった個別問題のみならず、統合的医事法学の提唱など、大きな足跡を残された (邦訳として、上田健二＝浅田和茂編訳『先端医療と刑法』〔成文堂・1990年〕、上田健二＝浅田和茂編訳『医事刑法から統合的医事法へ』〔成文堂・2011年〕)。また、国際刑法の分野では、2011年に『国境を越える刑法』(原題は、Albin Eser, Transnationales Strafrecht/ Transnational Criminal Law) と題する浩瀚な書を刊行している (その巻末にエーザー博士の主要著作一覧が掲載されている)。2004年から2006年にかけてオランダのハーグにある国際刑事裁判所の判事も経験しているだけに、貴重な研究書である。

エーザー博士は、これまで14回来日されている親日家でもあり、講演会等を通じて、日本の刑法学者にはよく知られている。2000年には、早稲田大学から名誉博士を授与されている。博識ながらも誠実かつ人懐っこい性格であり、私も、14回来日のうち、1985年の3月に広島で初めてお会いして以来、13回は何らかのお世話をしている (直近では、2013年1月)。ゲルダ (Gerda) 夫人共々、日本の歴史や文化にも造詣が深い。フライブルクの旧宅

訳者あとがき

は丘の中腹にあって、日本風の庭園（灯篭付き）もあったが、7年ほど前にマックス・プランク外国・国際刑法研究所の近くに転居された。同研究所を訪問すると、ご自宅に招かれて日本製のテーブルクロスの上で夫人の手料理をいただきつつ、歓談するのを楽しみにしているが、本書の企画も、そのような中から生まれたものである。

　多くの日本の刑法学者が承知しているように、エーザー博士は、上述のように、長年に亘り、医事刑法、国際刑法および比較刑法の分野で世界的に活躍しておられるが、実は法益論が常にそれらの根底に置かれており、学問的な基軸が明確に設定されていること、このことをまずもって日本の読者に広く知っていただきたい。それが、年代的にも離れて書かれた2つの論文を敢えて『「侵害原理」と法益論における被害者の役割』と題して1書にまとめて日本語で公刊する理由である。以下、若干の解題をしつつ、訳者の立場から本書刊行の意義と刊行までの経緯を述べておきたい。

　第1部の論文は、比較刑法研究の出発点ともいうべきものである。その内容は、歴史的考察を踏まえて刑事不法の本質を英米刑法の harm（この用語は、生命倫理の領域では「危害」と訳されることが多いが、本書では文脈からこれを「侵害」と訳している）とドイツ刑法の Rechtsgut（法益）との比較分析から探ろうとするなど、現代においても刑事不法論を考察するうえで一読に値する論文と思われる。私自身、この論文を1980年代にエーザー博士より送っていただいて読み、強い関心を抱いていた。1993年度には、広島大学法学部の通年の外国書講読（4単位）のテキストとしても本論文を用い、77名の熱心な学生と共に再度熟読したことで、訳文公表の決意が固まった。この授業には、神野礼斉君（現：広島大学法科大学院教授〔家族法〕）やその後に検察官になっている有能な学生をはじめ、意欲旺盛な多くの学生が参加し、早朝1コマ目にもかかわらず1年間欠席者がほとんどいないというきわめて熱心な状況であった。私自身も、必死に準備をして授業に臨んだ。その

訳者あとがき

後、訳文は、7 回に分けて広島法学 18 巻 2 号（1994 年）から 19 巻 4 号（1996 年）に亘り掲載した。今から見直すと不十分な部分があるので、今回、1 書にまとめるにあたり、一定の修正を施した。

　本論文の最大の特徴は、第 1 に、何といっても、英米刑法とドイツ刑法という異なる刑法体系の比較的考察の中から犯罰の本質的要素の共通点を見いだそうとする点にある。英米刑法では「侵害（harm）」概念が、ドイツ刑法では「法益（Rechtsgut）」概念がそれぞれの比較の土俵に上げられ、客観的違法論の立場から、いずれも犯罪の本質を形式的な法律違反ではなく実質的な法的利益の侵害と解する重要概念として位置づけられている。若い時代のエーザー博士の著作ながら、歴史的考察ならびに他の諸国の刑法との比較分析も踏まえているだけに、そのセンスの良さが出ており、迫力がある。ドイツ刑法では、古くから犯罪の本質ないし違法性の本質に関して、規範違反説と法益侵害説の争いがあることは知られているが、英米刑法でも、ドイツ刑法ほど顕著ではないものの類似の見解の相違があることを、本論文を通して学ぶことができる（なお、奈良俊夫「英米刑法における『利益侵害論』──エーザーの見解を中心として」独協法学 13 号〔1979 年〕33 頁以下、20 号〔1984 年〕103 頁以下参照）。アクトゥス・レウス（actus reus）とメンズ・レア（mens rea）の分析も示唆に富む。従来、ドイツ刑法学の影響を強く受けてきた日本刑法学では、英米刑法研究はそれ自体独立して研究されてきた傾向が強いが、ドイツ刑法学自身も英米刑法学に目を向けつつあり、本論文は、ドイツ刑法学と英米刑法学の架橋の先駆けとなる本格的研究といえるし、日本でも両者（あるいは他の諸国）の比較を射程に入れた比較法的研究の必要性が今後増幅するものと思われる（日本で早い時期にこのような手法を用いた本格的な研究として、例えば、木村光江『財産犯論の研究』〔日本評論社・1988 年〕がある）。その契機を提供するという意味でも、本論文の持つ意義は、今なお大きい。

　第 2 に、エーザー博士自身の法益概念については、著者自身、論文の中で述べているように、基本的に新カント派のリッケルトの価値哲学に近い立場

169

訳者あとがき

に依拠したものである（第3章「法益の構造」参照）。もっとも、新カント派がかつて価値関係的考察を強調しすぎて法益の精神化を招いた点を自戒してか、エーザー博士は、社会学的視点を導入し、一定の社会的ないし個人的欲求あるいは必要性が刑事制裁と結び付くためには、①社会的に基礎づけられた事実的利益の存在、②この利益の社会的承認、③憲法上の価値秩序との整合性、以上の3段階を経なければならない、と説いている点が注目される。これによって、社会生活の現実的基盤から遊離したような法益概念は、拒絶されることになるであろう。しかし、この見解に対しては、「高度に発展し複雑化し続ける現代社会においては、平均的市民（このような虚構を用いることも既に問題とされ得ようが）の予測・認識・理解し得ない、或いは直接的利益関係を覚えない、それでいて社会構成員一般の生活基盤を形成している重要な社会的条件・機能・規範等は多数存在するのではないだろうか。それらを、刑罰の社会倫理的非難というそれ自体問題とされ得る意味を予め指定することによって、初めから原則的な"法的利益"の社会学的基体として考察しないことは、現実的社会状況を無視するものといわざるを得ない。エーザーのいう意味での"社会的承認"は、この意味で問題であると同時に不要である。」（伊東研祐『法益概念史研究』〔成文堂・1984年〕352頁）との批判がある。確かに、この第1論文で展開された理論は、個々に弱点を内包した部分もあるといえよう。それは、著者が当時まだ若かったということのほかに、方法論的に新カント派価値哲学に近い立場に立脚する以上、つねに付きまとう問題のように思われる。

　しかし、第3に、それにもかかわらず本論文が積極的意義を今なお有するとすれば、侵害原理なり法益論が国家刑罰権を限定する実践的機能を解釈論においても立法論においても有することをアメリカ法の分析を通して実証的に論証している点であろう。特に、公共福祉犯罪ないし行政犯への対応に鋭いメスを入れて具体的対応策（違憲性、特別の侮辱規定創設、起訴猶予処分）を示している点は、増加する行政犯立法を批判的に考えるうえで、日本でも参考になる。とりわけ、侵害ないし保護法益が不明確な場合には、裁判所に

訳者あとがき

よる司法的再審査にかけて、裁判所はそのような刑法上の禁止を無効と宣言する権利を有するべきだと説いている点は、私の主張と軌を一にするものである（甲斐克則「法益論の基本的視座」伊藤寧先生退職記念論集『海事法の諸問題』〔中央法規出版・1985年〕88頁参照）。

エーザー博士と夫人

　当初の構想では、ドイツ刑法学と英米刑法学の架橋を試みる比較刑法の先駆的重要文献として後世に残すために上記の第1部の論文の邦訳だけを1書にまとめて出版する予定であったが、訳書刊行についてエーザー博士と前述のような歓談をしている際、エーザー博士が、「法益論について、もうひとつその後に書いた論文があるので、それを加えたほうが真意が伝わる」と言い出された。確かに、1996年に書かれたその論文（前述の第2論文「法益と被害者」）は、私の手元にすでに送られていたのだが、ざっと目を通しただけで、正確に訳してはいなかった。そこで、早速、翻訳に取りかかったが、短いながらも難解で、予想以上に時間がかかった。啓蒙哲学、カント哲学、そしてフォイエルバッハの権利侵害論からビルンバウムの財侵害論を経て、ビンディングおよびリストの法益論、さらにはその後の法益論の変遷に関する歴史的分析については、従来の研究以上の何か新しいものが必ずしも見られるわけではないが、じっくり読んでみると、なるほど、第7章および第9章において被害者の視点に立った法益の具体的把握の必要性についての分析が直截になされており、第1論文を補足する意味で重要であることが理解できた。「法益論における被害者の役割の重要性」は、著者の「日本語版へのはしがき」からもよく窺える。何よりも、この論文は、日本ではあまり知られていないことから、その訳出自体、エーザー博士の膨大な研究の基本的理

171

訳者あとがき

解に役立つと思われる。

　かくして、第2論文が加わり、本書の題名をどうするか、という段階になった際、2010年5月に第2回ドイツ語圏医事法学者会議に招かれてスイスのチューリヒ大学を訪問する機会があった。そこにエーザー博士も、夫人共々来られていて、会議前日の歓迎会が終了した直後にメモを渡され、書名を『「侵害原理」と法益論における被害者の役割』にしようということになった。このような懇親会の場でも約束を忘れずにいて下さったことに、改めてその誠実さを思い知った次第である。その後、本来ならば、もっと早く本書を刊行する予定であったが、第2論文の訳の吟味（特に第1論文の訳との整合性）に時間をかけていたら、他の仕事も競合して、最終完成が大幅に遅れてしまったことを大変申し訳なく思う。

　本年(2013年)1月に来日され、早稲田大学での終末期医療に関する3つの講演の合間に私の自宅に夫妻共々お招きした際、本書の刊行を大変楽しみにしておられたので、遅れ馳せながらここに本書を刊行できることに大きな喜びを感じると同時に、ようやく約束を果たせたという安堵感で一杯である。今や、「アルビン」、「克則」とファーストネームで呼び合う中ではあるが、偉大な学者であるエーザー博士とその良き理解者であり支援者でもあるゲルダ夫人に心より本書を献呈し、長年の親交と学恩に感謝申し上げたい。お二人のますますのご健勝を祈念したい。近々、エーザー博士の長年の終末期医療に関する論文の邦訳をまとめた編訳書『ドイツにおける臨死介助と刑法』を成文堂から、また、エーザー博士とその弟子ハンス＝ゲオルク・コッホ（Hans-Georg Koch）博士の共著『人工妊娠中絶と法』（Abortion and the Law, 2005）の訳書を信山社から刊行予定であり、それが終わるまではまだ約束を果たしたことにはならないので、引き続きこれらの刊行に向けて精進したい。

　なお、本書の刊行に際しては、第1論文について、私の門下生で英米刑法研究の専門家である澁谷洋平君（現・熊本大学法学部准教授）に訳文のデータ

172

訳者あとがき

入力と訳語チェックをしていただいたこと、また全体の校正については、同じく私の門下生で英語およびドイツ語の読解力に秀でた福山好典君（現・早稲田大学大学院博士課程）に訳語や表現も含めて入念かつ詳細なチェックをしていただいたことを特記して両君に謝意を表したい。また、本書の刊行を快く引き受けていただいた信山社の袖山貴社長と編集部の今井守氏にも心より御礼申し上げたい。

2013 年 11 月　　　　　　　　　　秋晴れの日に

　　　　　　　　　　　　　　　　　　　　　　　甲 斐 克 則

〈著者紹介〉

Albin Eser（アルビン・エーザー）

1935年　ドイツ・ウンターフランケンのライダース
　　　　バッハ生まれ
1954～1958年　ヴュルツブルク大学、チュービンゲン大学、
　　　　ベルリン自由大学で法学を学ぶ
1961年　法学博士（ヴュルツブルク大学）
1971年　ビーレフェルト大学法学部教授
1974年　チュービンゲン大学法学部教授
1982年　マックス・プランク外国・国際刑法研究所
　　　　所長、フライブルク大学法学部教授
現　在　マックス・プランク外国・国際刑法研究所
　　　　名誉所長

〈編訳者紹介〉

甲　斐　克　則（かい・かつのり）

1954年　大分県生まれ
1977年　九州大学法学部卒業
1982年　九州大学大学院法学研究科博士課程単位取得
　同　　九州大学法学部助手
1987年　海上保安大学校助教授
1993年　広島大学法学部教授
2002年　法学博士（広島大学）
2004年　早稲田大学大学院法務研究科教授（現在に至る）

現在、日本医事法学会代表理事、日本刑法学会常務
理事、日本生命倫理学会理事

法学翻訳叢書
7
ドイツ刑事法

✿※✿

「侵害原理」と法益論における被害者の役割

2014（平成26）年2月28日　第1版第1刷発行
6157-8:P192　¥6800E-012:050-005

著　者　アルビン・エーザー
編訳者　甲　斐　克　則
発行者　今井貴　稲葉文子
発行所　株式会社　信山社
〒113-0033 東京都文京区本郷 6-2-9-102
Tel 03-3818-1019　Fax 03-3818-0344
info@shinzansha.co.jp
エクレール後楽園編集部　〒113-0033 文京区本郷1-30-18
笠間才木支店　〒309-1611 茨城県笠間市笠間 515-3
笠間来栖支店　〒309-1625 茨城県笠間市来栖 2345-1
Tel 0296-71-0215　Fax 0296-72-5410
出版契約 No6157-8-01010 Printed in Japan

Ⓒ A.Eser／甲斐克則, 2014. 印刷・製本／亜細亜印刷・渋谷文泉閣
ISBN978-4-7972-6157-8 C3332　分類326.100-a007ドイツ刑事法

医事法六法
甲斐克則 編
学習・実務に必備の最新薄型医療関連法令集

◆**医事法講座**〔甲斐克則 編〕◆

第1巻 ポストゲノム社会と医事法

第2巻 インフォームド・コンセントと医事法

第3巻 医療事故と医事法

第4巻 終末期医療と医事法

第5巻 生殖補助と医事法 (近刊)

ブリッジブック医事法　甲斐克則 編

実践医療法　山口 悟 著

医事法講義(新編)　前田和彦 著

刑事医療過誤III　飯田英男 著

信山社

総合叢書

1	企業活動と刑事規制の国際動向	甲斐 克則・田口 守一 編	定価:11,970円
3	議会の役割と憲法原理	浦田 一郎・只野 雅人 編	定価: 8,190円
4	自治体の出訴権と住基ネット	兼子 仁・阿部 泰隆 編	定価: 7,140円
5	民法改正と世界の民法典	民法改正研究会(代表 加藤雅信) 著	定価:12,600円
6	家族のための総合政策Ⅱ	本澤 巳代子 ベルント・フォン・マイデル 編	定価: 7,875円
7	テロリズムの法的規制	初川 満 編	定価: 8,190円
8	法発展における法ドグマーティクの意義	松本 博之・野田 昌吾・守矢 健一 編	定価:12,600円
9	「民法(債権関係)の改正に関する中間的な論点整理」に対する意見書	東京弁護士会 編著	定価:12,600円
10	地域統合とグローバル秩序	森井 裕一 編	定価: 7,140円
11	グローバル化時代の国際法	植木 俊哉 編	定価: 7,140円
12	移植医療のこれから	町野 朔・山本 輝之・辰井 聡子 編	定価:12,600円
13	中東の予防外交	吉川 元・中村 覚 編	定価: 9,240円

信山社

クラウス・ロクシン 著 **ロクシン刑法総論**
監修 平野龍一／監訳 町野朔・吉田宣之
第1巻（第3版）翻訳第1分冊
監訳 山中敬一
第1巻（第4版）翻訳第2分冊
第2巻 翻訳全2分冊〔最新刊〕

ハンス＝ユルゲン・ケルナー 著
小川浩三 訳
ドイツにおける刑事訴訟と制裁
成年および少年刑事法の現状分析と改革構想

クラウス・シュテルン 著
ドイツ憲法 I
総論・統治編
赤坂正浩・片山智彦・川又伸彦・小山剛・高田篤 編訳
鵜澤剛・大石和彦・神橋一彦・駒林良則・須賀博志
玉蟲由樹・丸山敦裕・亘理興一 訳

ドイツ憲法 II
基本権編
井上典之・鈴木秀美・宮地基・棟居快行 編訳
伊藤嘉規・浮田徹・岡田俊幸・小山剛・杉原周治
西土彰一郎・春名麻季・門田孝・山﨑栄一・渡邉みのぶ 訳

信山社